1518-a.

SYSTÈME

DE
LÉGISLATION.

SYSTEME

DE

LÉGISLATION,

OU

MOYENS que la Politique peut employer pour former à l'Etat des Sujets utiles & vertueux :

PAR M. BORRELLY, Ancien Professeur d'Eloquence au Collège Royal de Bourbon de l'Université d'Aix.

A PARIS.

Chez LACOMBE, Libraire, rue Christine, près la rue Dauphine.

______

M. DCC. LXVIII.

Avec Approbation & Privilège du Roi.

PRÉFACE.

Nos Rois ont toujours compté parmi leurs devoirs les plus essentiels celui de veiller à l'éducation de leurs Sujets & d'exciter parmi eux les talens & les vertus par leurs récompenses. De-là vient que cette heureuse Monarchie a enfanté tant de grands hommes dans tous les genres, & fixe depuis si long-tems l'attention de tout l'Univers.

Louis le Bien Aimé ne

a iij

marche pas seulement sur les traces des Princes qui ont jetté les premiers fondemens de notre bonheur ; il achève ce qu'ils n'ont qu'ébauché. Il ajoute à la gloire des établissemens qu'ils nous ont transmis ; & il en multiplie le nombre pour l'avantage de ses Sujets. Les Edits qu'il a rendus pour mettre en vigueur les bonnes Etudes & faire regner la discipline la plus exacte dans les Ecoles publiques de son Royaume, les bienfaits que sa main paternelle a répandus sur elles

& en particulier fur l'Univerfité de Paris mère commune
de toutes les autres, les encouragemens qu'il ne ceffe
d'accorder à tous les Arts &
à toutes les profeffions qui
intéreffent effentiellement la
Société, nous annoncent un
Prince qui veut affurer notre
félicité.

Ces confidérations m'en-
hardiffent à mettre au jour ce
petit Ouvrage. L'objet que
je m'y propofe eft d'examiner : quel feroit le meilleur
Syftême de Légiflation pour
former à l'Etat des Sujets uti-

les & vertueux. Si mes observations sont justes, j'aurai
le bonheur de concourir, autant qu'il est en moi, aux vûes
bienfaisantes & sages d'un
Prince ami de l'humanité &
père de ses peuples. Si contre
mon espoir & mes vœux el-
les ne le sont pas, j'ai lieu
d'espérer que mes erreurs même rendront la découverte
de la vérité plus facile, &
qu'on aura l'indulgence de
me les pardonner en faveur
de mon zèle & de la pureté
de mes intentions.

SYSTÊME

SYSTEME

DE

LÉGISLATION,

OU

MOYENS que la Politique peut employer pour former à l'Etat des Sujets utiles & vertueux.

La Législation se perfectionne de jour en jour parmi les nations. Partout, des génies d'un ordre supérieur dirigent leurs travaux vers ce grand objet pour le bien de l'humanité ; & tous les sages Gouvernemens semblent s'en occuper aujourd'hui comme de ce qui peut influer d'avantage sur

A

la profpérité des Etats & le bonheur des peuples. Déjà, les Co-
des du Roi de Pruffe , de l'Im-
pératrice de Ruffie & de Locke
font l'admiration de l'Europe ;
& bientôt (on doit l'efpérer)
celui que médite le Dannemarck,
formé fur leur modèle , deviendra la règle de l'univers.

Mais en vain la légiflation ,
éclaireroit-elle l'épais chaos de
tant de divers intérêts qui divifent les hommes entre eux ; &
pour refferrer leurs paffions
dans de juftes bornes , porteroit-
elle contre les infracteurs des loix
les peines les plus rigoureufes
& les plus terribles, fi elle n'alloit
au devant du mal. « A quoi fer-
» vent les loix fans les mœurs ? »*

---

* *Quid leges finè moribus*
Vanæ proficiunt ?....
    Hor. Lib. III. Od. 18.

Les peines que les loix prononcent contre les crimes peuvent en arrêter les dehors; mais elles n'en détruisent point la racine. L'éducation seule pénètre dans l'ame & rectifie la volonté.

C'est donc par l'éducation des enfans, qui font comme la pépinière des Etats & par lesquels la société politique se renouvelle & se perpétue, que la législation doit commencer l'ouvrage de la félicité publique & particulière qui est son objet; & c'est sur cette base qu'elle doit élever ce grand édifice.

» Il n'est pas de soin plus di-
» gne d'un Législateur (dit le
» Roi de Prusse) que celui de
» l'éducation de la jeunesse.
» Dans un âge tendre, ces jeu-

A ij

» nes plantes font fufceptibles
» de toutes fortes d'impreffions.
» Si on leur infpire l'amour de la
» vertu & de la patrie, ils de-
» viendront de bons citoyens ;
» & les bons citoyens font les
» derniers & les plus forts bou-
» levards des Empires. (1) » Heu-
reufes les nations, fi ceux qui
les gouvernent fe dirigeoient
toujours par de telles maximes !

Nous ne fommes ordinaire-
ment bons ou mauvais, utiles ou
nuifibles à la fociété, que par
les principes que nous avons re-
çus dans l'enfance. De l'efprit
& de la mémoire, ils paffent infenfiblement dans le cœur. Ils
s'impriment de jour en jour dans
nos mœurs par la pratique &

____

(1) Mémoires de Brandebourg.

par l'habitude. Enfin, ils deviennent en nous une seconde nature que le tems rend irréformable. Tels étoient les motifs des Spartiates, lors qu'Antipater leur demandant cinquante enfans en otage, ils préférèrent de lui donner deux cens hommes faits.

La délicatesse de cette nation vertueuse est si loin de nos mœurs, qu'il n'est pas étonnant que nous ayons si peu de ressemblance avec elle & que les vertus soient aujourd'hui si rares dans tous les états. C'est la mauvaise éducation des enfans qui est la source de tous les désordres.

Il n'est rien sur quoi la réformation soit tout à la fois plus importante & plus nécessaire: La nation la plus formidable, la plus florissante, la plus heureuſe ſera toujours celle où les jeunes gens recevront la meilleure éducation ; & quiconque auroit établi le plan le plus parfait à cet égard ſeroit le premier bienfaiteur de l'humanité.

En effet, tout le bonheur de l'homme peut ſe réduire à avoir l'eſprit & le cœur bien réglés, & le corps en bonne diſpoſition; ou, pour parler le langage de Juvenal, *une ame ſaine dans un corps ſain.* *

   » Un corps bien conſtitué
» (dit M. Diderot) ſe prête
» aux opérations de l'ame ; &
» une ame bien réglée facilite
» les fonctions du corps. D'une
» part, ſanté & gaîté, adreſſe
» & vigueur, propreté mâle

Mens ſana, in corpore ſano.
               Sat. X.

» & graces foutenues : de l'au-
» tre, connoiffances étendues &
» jugement ferme, religion fa-
» ge & fentimens nobles, bonté
» vraie & politeffe aifée. » (1)

Celui qui n'a pas l'efprit droit s'éloignera du véritable chemin de la félicité. Celui dont le cœur n'eft pas bien réglé ne goûtera jamais les douceurs de la paix. Enfin, celui dont le corps eft foible & mal-fain fera privé des charmes des vrais plaifirs.

Or l'éducation, qu'on peut définir l'art de former les hommes & de feconder la nature dans le développement de leurs facultés, embraffe à la fois le corps, l'efprit & le cœur.

Son objet eft de procurer au

____

(1) De l'Educ. Publique.

corps le plus haut degré de force & de santé, à l'esprit le plus
haut degré de justesse & de capacité, & au cœur le plus haut
degré de bonté & d'éléva-
tion.

» Voilà (continue l'éloquent
» Ecrivain qu'on vient de ci-
» ter) où il faut diriger ses vues
» & ses soins : ouvrage grand,
» d'un détail long & pénible,
» où souvent l'on veut plus
» qu'on ne peut parce que les
» sujets s'y refusent, où il est
» toujours permis d'espérer &
» quelquefois très - injuste de
» prétendre. Mais quand on
» trouve des dispositions favora-
» bles, la méthode fait tout.
» L'on sème à propos ; l'on cul-
» tive avec patience ; le tems
» amène les fruits. »

Les progrès de l'éducation sont plus ou moins rapides selon qu'on est plus ou moins disposé à la recevoir. Impuissante chez les uns ; elle opère des effets merveilleux chez les autres. Mais toujours est-il vrai de dire que l'humanité n'est susceptible d'un certain point de perfection que par elle.

L'impulsion seule de la nature tient lieu de tout autre principe pour développer les talens supérieurs. Mais comme le meilleur terroir ne produit que des herbes stériles sans la culture, * les talens restent bruts & informes dans le commun des hommes sans l'éducation qui les met en œuvre. Il en est ainsi des ver-

---

* *Neglectis urenda filix innascitur agris.*
Hor. Sat. 3.

tus. Qu'il est rare de voir briller des talens éminens & des vertus sublimes au milieu des ténèbres des siècles d'ignorance !

La bonne éducation est donc la source du bonheur de chaque individu. Auroit-elle moins d'influence sur la félicité des Empires ?

La santé & la vigueur de tout corps politique dépendent de celles des divers membres qui le composent. Si quelqu'un de ces membres manque à ses fonctions, tout le corps s'en ressent ; l'harmonie n'y règne plus, puisqu'elle est dans le concours unanime de toutes les parties.

L'éducation, dont la fin est de rendre les hommes vertueux & utiles à la patrie, dispose cette foule de bras industrieux destinés aux besoins de la société générale. Il n'est pas de plus sûr moyen pour rendre un Empire florissant & stable.

Si les Grecs furent par les loix, par les sciences & par les armes un des plus fameux peuples de l'antiquité ; & si les Romains devinrent dans la suite les maîtres du monde, & étendirent insensiblement par leurs mœurs autant que par leurs victoires un Empire dont la grandeur fait encore le sujet de notre étonnement ; c'est à la bonne éducation que recevoient chez eux les enfans qu'ils en furent principalement redevables.

L'exemple des effets étonnans que l'éducation publique de la jeunesse produisit autrefois à Lacédémone suffit pour prouver ce dont elle eſt capable. Elle y avoit vaincu la nature même. Cinq cens ans purent à peine ébranler le bel édifice de Lycurgue. Toute la Grèce étoit déjà livrée à la corruption : il y avoit encore des mœurs à Sparte.

Si telle eſt l'influence de l'éducation, comme on vient de le démontrer, tous ceux qui par état font les inſtrumens de la félicité publique & les pères des peuples doivent s'en occuper avec la plus férieuſe attention ; & il feroit de leur ſageſſe d'en faire une des principales branches de l'adminiſtration.

Pourquoi le plus fage & le plus éclairé des Gouvernemens (celui fous lequel nous avons le bonheur de vivre) , négligeroit-il de porter fes regards sur un objet aussi essentiel ?

Les enfans naissent à l'Etat autant, & même plus qu'à leur propre famille, disent les Loix Romaines : *imò potiùs Reipublicæ nascuntur quàm propriis parentibus.* C'étoit le grand principe de Lycurgue (& les plus fameux Législateurs ont été d'accord avec lui sur ce point); aussi, ne laissa-t-il point les pères maîtres d'élever leurs enfans à leur gré. Il voulut que le public s'emparât de leur éducation, afin de les former sur des principes constans & uniformes qui leur inspirassent de bonne heure l'amour de la vertu, & de la patrie.

On n'a qu'à parcourir l'histoire de toutes les nations policées pour se convaincre qu'el-

les se sont dirigées par ce principe.

Chez les Mèdes & chez les
Perses, les enfans étoient élevés
er commun sous l'inspection de
l'autorité publique. Ces Peuples,
qui regardoient l'éducation comme la partie la plus importante
du Gouvernement, ne s'en re-
posoient point sur la vigilance
& les soins des parens. Ils sça-
voient qu'une aveugle & molle
tendresse les en rend presque
toujours incapables. C'étoit l'E-
tat lui-même qui s'en chargeoit.
Aucun citoyen n'avoit droit de
prétendre aux charges publiques qu'après avoir passé par
toutes les classes : celle des enfans, où l'on étoit jusqu'à l'âge
de puberté; celle des jeunes gens,
où l'on passoit dix années ; celle

des hommes faits , où l'on étoit encore détenu presque aussi long-tems que dans les deux autres. On exigeoit de plus qu'on s'y fût distingué dans les différens exercices.

L'éducation des Perses étoit mâle , robuste , vigoureuse , également propre à fortifier leur corps , à régler leur cœur & à perfectionner leur esprit.

Les Grecs , qui surpassèrent par leur sagesse tous les peuples de l'univers , ne furent pas moins attentifs sur ce point. Chez eux , à peine les enfans étoient sortis, pour ainsi dire, de dessous l'aîle de leurs mères, qu'ils les prenoient sous leur conduite & les cultivoient avec tous les soins possibles. Ils pensoient que la nature ne nous a

pas faits tels que nous devons
être & ornés de toutes les per-
fections; mais que l'inſtruction
& l'exercice nous ſont néceſſaires pour corriger nos défauts
& pour accroître nos avantages.

A Sparte, c'étoit à la ſeptiè-
me année que les enfans étoient
diſtribués dans les claſſes. Ils y
étoient élevés tous enſemble ſous
la même diſcipline ; & ils y
avoient pour ſurintendant un
des citoyens les plus qualifiés &
les plus vertueux. Les jeunes
Spartiates étoient formés à la
vertu & au patriotiſme bien
plus par les exemples que par
les préceptes. Les diſcours, les
actions des citoyens, les inſcrip-
tions publiques , tout tendoit
à leur inſtruction. Auſſi, Agé-

filas , invitant Xenophon à envoyer ses enfans à Sparte, lui disoit : qu'on y apprenoit à obéir & à commander, & qu'on y formoit de sages Légiflateurs, de grands Princes, de vertueux Citoyens & d'habiles Magiftrats.

Athènes, cette République célèbre, dont toutes les vues furent si sages & dont tous les établissemens sembloient être marqués au coin de l'immortalité, comptoit presque autant d'Écoles que de maisons & de maîtres que de sçavans. Les généreux citoyens, qui se dévouoient à l'inftruction publique de la jeunesse, n'étoient pas toujours maîtres d'enseigner à leur gré toutes sortes de doctrines. Ils étoient comptables de leur conduite à l'Aréopage, qui, parmi ses devoirs les plus essentiels & les plus importans au bien de la patrie, plaçoit au premier rang celui d'éclairer de ses regards les leçons des maîtres publics.

Rome, qui dès son origine tendit aux grandes choses & aspira à la conquête de l'univers, se consacra d'abord aux armes & fit son unique occupation des travaux militaires. Mais lorsqu'enfin le commerce des Grecs eût adouci & poli ses mœurs par le vrai goût des lettres & les chef-d'œuvres immortels qu'il offrit à son admiration, on vit les Orateurs & les Jurisconsultes s'empresser de communiquer leurs lumières aux jeunes gens de bonne espérance, &,

dans des discours où l'instruction étoit toujours comme assai-
sonnée par la politesse, leur in-
culquer les loix de la patrie &
leur développer le grand art de
regner sur l'esprit & le cœur
des hommes par la force de la
parole.

Faut-il être surpris, si ces sages nations parvinrent au plus
haut degré de puissance, & s'ac-
quirent une célébrité si durable
que leur nom est encore en vé-
nération chez tous les peuples
de l'univers ?

L'éducation de la jeunesse est
moins regardée aujourd'hui comme un des points les plus importans de l'ordre public que comme un objet qui n'est de quelque considération que pour chaque famille particulière ; & c'est

la véritable cause des vices dont elle est infectée.

La plûpart des pères bornent leurs obligations envers leurs enfans à leur procurer un établissement & des richesses , & ne mettent leur éducation qu'au rang des choses accidentelles. » Leurs affaires domestiques ab-
» sorbent tout leur tems (dit M.
» Vicaire); à peine s'en rap-
» portent-ils assez à leurs propres
» yeux : & l'intérêt le plus cher
» de leur famille, le sujet de leur
» tendresse la plus vive, l'espoir
» de leur repos le plus doux ,
» l'héritier de leur nom & de
» leurs biens , quelle place tient-
» il parmi tant de soins pénibles
» dont il doit être le point de
» réunion ? » (1)

____

(1) Disc. sur l'Education.

Ceux-ci confient leurs enfans à des Précepteurs pour se délivrer d'un fardeau qui leur seroit à charge ; & ce n'est jamais que la modicité du salaire qui les détermine dans un choix aussi important. Celui qui demande le moins est toujours le meilleur, ou du moins celui qu'ils préferent. Se contenter de peu est de toutes les qualités qu'on pourroit avoir celle qui leur tient lieu de toutes les autres. (1)

Ceux - là les envoient aux

____

(1) Aristipe demandoit cinq cens dragmes à un père , pour se charger de l'éducation de son fils. « Il m'en couteroit moins pour avoir » un Esclave , lui dit cet homme avare, effrayé » du prix. Achetez-le (repliqua le Philosophe) » & vous en aurez deux. » Combien de pères sont dans le cas de cet avare ? & combien de Précepteurs auroient bien souvent occasion de répondre comme ce Philosophe ?

Ecoles publiques pour ne pas les avoir sans cesse devant les yeux. Les Professeurs, font-ils contens ou non de leurs mœurs & de leurs études ? ils l'ignorent : & non-seulement, ils ne prennent pas la peine de les voir pour travailler de concert avec eux à leur avancement ; mais ils seroient fâchés qu'ils vinssent au devant d'eux , pour leur proposer ce que le zèle & l'amitié leur inspirent. C'est une fable dans nos mœurs que la lettre qu'écrivit autrefois un grand Roi à un célèbre Philosophe : « Je vou » donne avis qu'il m'est né un » fils. Je ne remercie pas tant les » Dieux de me l'avoir donné » que de l'avoir fait naître tan- » dis que vous vivez. J'espère » qu'élevé par vos soins & formé

” par vos conseils il se rendra
” digne de moi & du vaste Em-
” pire que je dois lui laisser. ” (1)

Le défaut d’émulation dans les maîtres & les enfans ne contribue pas moins à rendre notre éducation vicieuse. Si ce ressort n’agite les ames, elles sont sans force , sans action & comme anéanties. La vertu ne reçoit , pour ainsi dire , que d’elle son impulsion. Quels efforts peuvent faire des jeunes gens que rien ne flatte & sur qui personne ne veille ? De quelle attention sont capables des maîtres qu’aucune espèce d’encouragemens ne soutient & qui n’ont pas plus à craindre s’ils remplissent mal leurs fonctions qu’à espérer s’ils

____

(1) *Quint. Curc. in vita Alex.*

travaillent utilement pour l'a-
vantage de la patrie.?

Il n'appartient qu'au Gouvernement d'affurer le fuccès de
l'éducation. Les récompenfes &
les peines qu'il pourroit employer exciteroient l'émulation
dans les cœurs des enfans, rani-
meroient fans ceffe l'ardeur des
parens, foutiendroient le zèle &
la vigilance des maîtres. Il n'y a
que ce double inftrument pour
pouffer les hommes à la vertu &
pour les éloigner du vice. Tout
Gouvernement qui fçait s'en
fervir tient en quelque forte
dans fes mains les grands hommes ; & ce n'eft que par lui
qu'il peut faire germer & croître
au milieu de nous les dons inta-
riffables de la nature.

Mais comment animer à la
fois

fois toutes les parties de l'Etat, & veiller également fur tous les fujets ? Il feroit facile d'y parvenir.

Un Bureau général feroit établi dans la Capitale du Royaume pour ne s'occuper que des grands objets de l'éducation, & dans chacune des Capitales de nos Provinces un Bureau particulier pour avoir l'Intendance des Ecoles publiques de fon diftrict.

L'importance & la néceffité d'un pareil établiffement n'ont pas befoin d'être démontrées. Elles fe font fentir à tout homme qui connoît les conféquences de la bonne éducation & que l'amour du bien public anime. On n'oublie rien pour porter la lumiere des principes dans la plûpart des arts utiles ; & c'est dans cette vue que le Gouvernement a fondé tant d'Académies de sciences, & qu'il honore aujourd'hui de sa protection plusieurs Sociétés d'Agriculture, quelques Ecoles vétérinaires, & une Ecole de dessein dont la connoissance est indispensable à beaucoup d'Artistes. N'y auroit-il que la culture de l'esprit & du cœur de nos jeunes François qui seroit négligée ? Et le bien, duquel tous les autres découlent, ne seroit-il envisagé que comme une chose indifférente par elle-même ?

Ce Bureau général pourroit être composé de onze membres. Cinq seroient pris parmi les Conseillers d'Etat & cinq parmi les Professeurs émérites de l'Univerſité. Le Miniſtre , que le Roi chargeroit ſpécialement de cette branche importante de l'adminiſtration, feroit le onzieme & préſideroit le Bureau. A ſon défaut , le plus ancien des Conſeillers d'Etat auroit la préſidence. C'eſt à ce tribunal que reſſortiroient toutes les Ecoles du Royaume , & que recourroient les Bureaux des Provinces dans les cas imprévus où l'ordre général feroit intéreſſé. Il s'aſſembleroit chaque mois & toutes les fois que les circonſtances le requerroient. Les cinq membres de ce Bureau, pris dans le corps des Profeſſeurs émérites , feroient chargés de tous les rapports ; & c'eſt à eux que le miniſtre auroit ſoin de remettre tous les mémoires qui lui feroient adreſſés des différentes Provinces.

Les Bureaux particuliers feroient compoſés des membres les plus diſtingués des différens ordres. Ils auroient pour chefs : dans les villes où il y a Parlement ou Conſeil ſouverain, le Premier Préſident ; & dans celles où il n'y en a point, l'Evêque ou le premier Magiſtrat de la Municipalité. Dans le premier cas, l'Evêque auroit le ſecond rang & par conſéquent la préſidence au défaut du chef naturel. Toutes les Cours y auroient pour députés un Préſident, un Conſeiller & leurs Gens du Roi. Les Magiſtrats de la Municipalité y auroient leur place après tous les Membres des Cours Souveraines, ainſi que dans les Villes où

il y a des Préfidiaux, des Bail-
liages, des Sénéchauffées, &c.
Les Députés de ces tribunaux feroient égaux en nombre à ceux
des Cours fouveraines. A leur
fuite feroient trois Députés, de
l'ordre du Clergé, de l'ordre de
la Nobleffe & de l'ordre du
Tiers-Etat, dont l'affemblée générale de la Province feroit la
nomination tous les ans. On
pourroit ajouter un dernier Mem-
bre à chaque Bureau particulier
des Collèges des Capitales, qui
feroit penfionné du Gouvernement & qui auroit le titre de
Cenfeur Royal. C'eft à lui que
les Principaux & les Profeffeurs
s'adrefferoient, lorfqu'ils auroient
ou des plaintes à porter ou des
obfervations à faire. Il feroit par
conféquent Commiffaire perpé-

tuel & Rapporteur né de toutes les affaires.

L'Edit de 1762 , qui établit
des Bureaux d'adminiftration
pour tous les Collèges non dé-
pendans des Univerſités , eſt
non-feulement la preuve de la
tendre affection de Sa Majeſté
pour ſes peuples , mais encore de
la haute ſageſſe qui préſide à toutes ſes loix. Nous obſerverons
néanmoins (puifque ſous un
Prince qui n'a en vue que la félicité de ſes ſujets on ne doit
point craindre de propoſer ce
qui peut importer au bien de
l'Etat) :

1°. Que cet Edit eût pû , ſans
bleſſer les droits naturels de l'E-
piſcopat (dans un objet purement
civil comme celui de l'éducation
de la jeuneſſe) conferver la préé-

minence à des Tribunaux qui re-
préfentent le Souverain, qui font
les dépofitaires de fon autorité,
& qui comme tels font chargés
de la police générale & ont inf-
pection fur tous, les ordres de
l'Etat.

20. Qu'en admettant les Principaux au nombre des Adminiftrateurs, il peut donner lieu à la
fubverfion de la difcipline. Les
Principaux (à ne confulter même
que l'étymologie de ce mot)
n'ont fur les Profeffeurs que le
premier rang. Ils partagent avec
eux leurs fonctions ; & leur defti-
nation n'eft que de veiller plus
particulièrement à l'obfervation
de la loi qui feule commande.
S'ils ont la qualité d'Intendans,
de quel tribunal feront-ils jufti-
ciables ? Et fi les Profeffeurs font

foulés par eux, feront-ils juges &
parties tout à la fois. Tout Collège, pour aller bien, doit être
fondé fur l'union & l'indépendance de fes divers membres entre eux. L'union les fait tendre
au même but; & l'indépendance,
fi chère à tous les hommes & fi
précieufe aux gens de lettres fur-
tout, leur fait aimer les devoirs
de leur profeffion, qui, ne déri-
vant que de la loi feule, font
invariables & ne bleffent point
l'amour propre.

Et 3°. Que de l'omiffion d'é-
tablir dans chaque Bureau un
Commiffaire particulier, ou,
comme on l'a dénommé plus
haut, *un Cenfeur*, qui par état
& par devoir foit chargé d'avifer
à tout ce qui peut tendre au bien
général du Collège auquel il eft

attaché & de pourvoir provi-
soirement à tous ses besoins, il
résulte que la discipline n'y est
& n'y peut être jamais exacte.
En effet, que quelque contesta-
tion s'élève entre le Principal &
les Professeurs, ou qu'un événement imprévu dérange l'ordre établi : à qui s'adresser aujourd'hui pour résoudre les diffi-
cultés & pour rétablir la discipline ? Les Bureaux d'administration sont, hors leurs assem-
blées, comme des corps sans
yeux & sans bras (s'il est permis
d'employer cette comparaison).
Leur autorité ne réside que dans
la totalité des membres qui les
composent. Personne n'osant
donc s'ingérer dans ce qui se
passe & faire rentrer les choses
dans l'ordre, le mal augmente;

& souvent lorsque les Bureaux en prennent connoissance il n'est plus tems d'y porter remède. De-là vient que plusieurs de nos Collèges se sont détruits. D'ailleurs , leur manutention exige tant de détails qu'il est presque impossible que des hommes en place aient toujours le loisir ou la volonté d'y entrer. Il n'y auroit qu'un homme , spécialement préposé à cet objet par le Gouvernement , qui en fût capable. On le choisiroit parmi les anciens Principaux ou les Professeurs émérites.

Les Bureaux , tels qu'on les a décrits , ne seroient point sujets aux inconvéniens qu'on a remarqués. La conduite des Principaux & des Professeurs seroit plus éclairée ; & nos Collèges seroient bientôt montés comme ils sont susceptibles de l'être.

Trois Inspecteurs, qui seroient envoyés tous les ans dans les différentes Provinces , y prendroient des informations bien exactes sur tout ce qui seroit relatif à l'enseignement & aux mœurs de la jeunesse ; & par les mémoires instructifs qu'ils en remporteroient , ils mettroient le Gouvernement à portée d'encourager le bien , d'arrêter le mal & de prévenir de nouveaux abus.

C'est ainsi qu'un Académicien célèbre *, après avoir fait par les ordres d'un illustre & sage Minis-tre **un cours de Mathématiques pour les Gardes du Pavillon & de

* M. Bezout.
** Mgr. le Duc de Choiseul.

B vj

la Marine, eſt chargé de vérifier chaque année dans les différens Ports du Royaume, ſi ces jeunes Officiers de Sa Majeſté acquièrent les connoiſſances néceſſaires pour la ſervir un jour avec diſtinction : & s'il faut remonter à des tems éloignés & conſulter les Annales de cette Monarchie, c'eſt ainſi que, ſous le glorieux regne de Charlemagne, l'Empire fut partagé en différentes légations afin que l'adminiſtration en fût plus facile ; & que des Officiers choiſis dans l'ordre des Prélats & dans celui de la Nobleſſe , ſous le titre d'*Envoyés Royaux*, viſitoient de trois mois en trois mois chaque légation & rendoient compte au Prince du bien & du mal.

L'éducation eſt parmi nous ou

privée ou publique. Il n'y a que celle-ci qui puisse être soumise à l'inspection immédiate du Gouvernement. Celle-là peut être abandonnée à la volonté des parens, qui, quoique très-souvent aveugle, ne doit jamais être forcée. Le Gouvernement ne peut faire usage que des invitations, des établissemens, des exemples, &, dans certains cas seulement, des distinctions & des préférences.

Il n'est pas nécessaire de toucher à l'ordre établi. Que les Ecoles publiques jouissent de la faveur du Prince & des prérogatives dont il sera parlé dans la suite : bientôt, elles seront peuplées d'une infinité de sujets ; & l'éducation privée est presque réduite au néant.

Des Ecrivains fans nombre ont traité de la préférence entre l'éducation publique & l'education domeftique; & néanmoins les fentimens font toujours partagés fur ce point important. Mais fi c'eft encore là un problême, c'eft parce qu'on ne fimplifie point affez les objets & qu'on difpute bien fouvent fans s'entendre. Il faut, pour bien réfoudre les différentes queftions qu'on a élevées à ce fujet, les examiner chacune féparément. Réduifons les à quatre principales; & la folution s'en fera comme d'elle-même.

I. QUESTION. *L'enfeignement eft-il meilleur dans les Collèges que dans les maifons particulières?*

On peut fans crainte fe décider pour l'affirmative. En effet, mettons à l'écart quelques hommes rares, que l'espoir des récompenses & l'assurance d'une fortune pour l'avenir font entrer chez les grands : que sont les Précepteurs en général ? Des gens sans naissance, sans éducation, sans capacité, qui ne se réduisent à cet état que par nécessité ou par impuissance de prendre un meilleur parti; & c'est le peu de cas qu'on fait d'eux qui seul en est cause. Il n'en est pas ainsi des Maîtres publics. Comme ils ne sont ni aussi mal récompensés ni autant avilis, on rencontre plus communément parmi eux des talens & de la naissance.

On objectera qu'un Précepteur, n'ayant qu'un ou deux

fujets à inſtruire, a plus de facilité pour faire avancer ſes élèves ; & qu'il peut mieux adapter
ſes leçons à leurs diſpoſitions
naturelles & à leur génie particulier, & les proportionner en
tout tems à leur capacité ac-
tuelle.

Mais ſuppoſons que nos Collèges ſoient tels qu'ils doivent &
qu'ils peuvent être, & qu'une
exacte diſcipline y ſoit obſervées.

En premier lieu, un Profeſſeur dans ſa claſſe, en adreſſant
la parole à un ſeul Ecolier, leur
parle à tous, & les inſtruit tous
à la fois puiſqu'ils ſont également attentifs. Ce qu'on loue
dans les uns devient le modèle
des autres ; & ce qu'on blâme
dans ceux-ci ne contribue pas
moins à la correction de ceux-là

En second lieu , tous les élèves d'une même classe seront , à peu de chose près , d'une égale force ; & les instructions qu'on leur offrira seront également pour tous de première nécessité. Car , à quoi destine-t-on les enfans qu'on envoie aux écoles publiques ? A l'Etat Ecclésiastique , au Barreau , à la Médecine , à la Magistrature , au service Militaire , &c. Or , ces différentes professions exigent toutes, les connoissances auxquelles on applique les enfans aux Collèges. Le Grec & le Latin ne leur sont pas absolument nécessaires ; cela est vrai : mais n'est-ce pas un grand bien pour un jeune homme , quelque état qu'il embrasse, de posséder ces deux langues matrices ?

II. QUESTION. *Y a-t-il plus d'é-
mulation dans les Ecoles publiques que dans les maisons
particulières ?*

C'eſt le ſentiment de tous les
Auteurs. « Un enfant (dit Quin-
» tilien) ne peut apprendre chez
» lui que ce qu'on lui enſeigne.
» Mais dans les Ecoles il ap-
» prend encore ce qu'on enſei-
» gne aux autres. Il verra tous
» les jours ſon maître approuver
» une choſe , corriger l'autre ,
» blâmer la pareſſe de celui-ci ,
» louer la diligence de celui-là.
» Tout lui ſervira. L'amour de la
» gloire lui donnera de l'émula-
» tion. Il aura honte de céder à
» ſes égaux. Il voudra même
» ſurpaſſer les plus avancés. Voi-
» là ce qui donne de l'ardeur à de

» jeunes efprits ; & , quoique
» l'ambition foit un vice , on
» peut en tirer du bien & la ren-
» dre utile. (1) »

____

(1) Inftit. *Lib.* I. *Cap.* 3.

M. Vicaire a traité la même queftion avec autant de force que d'agrémens. « Quelle ar-
» deur peut avoir (dit-il) un enfant toujours
» enfermé dans le même lieu, où il voit tou-
» jours les mêmes objets, où il entend tou-
» jours la même voix ? Il faut de la variété ,
» fur-tout à cet âge. Elle délaffe l'efprit & lui
» rend fes forces. D'un autre côté , quelle cha-
» leur anime les leçons qu'il reçoit, quel fen-
» timent élève l'ame, quel mouvement échauf-
» fe le zèle , quel goût affaifonne le travail de
» celui qui les donne. Le Maître languit vis-à-
» vis du Difciple ; & le Difciple eft glacé par
» le froid du Maître. Tel eft le cours de l'édu-
» cation particulière. Mais dans l'éducation
» publique, quelle vivacité dans l'étude , quelle
» émulation dans les cœurs ! L'activité des
» Maîtres aiguillonne le travail des Elèves ; &
» le travail des Elèves foutient l'activité des
» Maîtres. Combien les Elèves, ne s'inftruifent-
» ils pas les uns les autres ? Les Membres des
» Académies s'éclairent mutuellement en fe
» communiquant leurs découvertes. Il fe fait

III. QUESTION. *Les mœurs, sont-elles exposées à plus de dangers dans les Collèges que dans les maisons particulières ?*

On l'a toujours pensé généralement ; & la plùpart des Auteurs qui ont tracé des plans d'éducation ont donné la préférence, quant à ce point, à l'éducation domestique. Locke lui-même soutient qu'*elle conduit plus sûrement & plus directe-*

» dans nos Ecoles une forte de commerce de
» biens littéraires. Les traits d'efprit, les idées
»nobles, les penfées juftes, élégantes ou fu-
» blimes, les agrémens du ftyle, qui coulent
» de toutes les plumes, paffent dans l'imagi-
» nation de chaque Elève, s'arrangent dans fa
» mémoire ; & les productions de tous devien-
» nent celles d'un feul. » *Difc. fur l'Education.*

ment à la vertu; & que *le meilleur est qu'un jeune homme soit élevé dans la maison paternelle sous la conduite d'un bon Gouverneur* (1).

Cependant, à ne consulter que l'expérience, les dangers sont à peu près égaux dans l'une & dans l'autre espèce d'éducation. Accordons (ce qui n'est pas généralement vrai) que les enfans ne voient dans ceux qui leur ont donné le jour que des exemples qui les portent au bien, & qu'ils n'entendent jamais sortir de leurs bouches que des discours qui les édifient ou les instruisent : combien n'est pas dangereuse pour eux la familiarité des domesti-ques, gens pour l'ordinaire sans

____

(1) De l'Educ. des Enfans.

religion, sans pudeur, incapables de circonspection & de contrainte, ames viles & mercenaires qui ne sçavent capter l'amitié de leurs jeunes maîtres que par des baffeffes, & leur faire la cour qu'aux dépens de leurs mœurs ?

Si le plan que nous propofons pouvoit avoir lieu, la vertu feroit en toute sûreté dans nos Collèges ; & la question dont il s'agit feroit terminée. Perfonne ne balanceroit plus à préférer l'éducation publique à l'éducation domeftique.

IV. Question. *L'éducation publique, rapproche-t-elle davantage les jeunes gens de l'efprit du patriote & du citoyen ?* Cela eft fi peu douteux qu'on

pourroit presque se dispenser de
le mettre en question. L'éducation privée, resserrant dans le
cercle étroit des sociétés personnelles, fait perdre l'idée du patriotisme & de la société générale de la nation dont on fait
partie.

Tels sont les avantages & les
inconvéniens de l'éducation publique & de l'éducation domestique. C'est sur-tout aux parens
à les bien peser ; puisque, selon
nos mœurs, c'est à eux à déterminer le choix & la forme de
l'éducation de leurs enfans. Mais
c'est au Gouvernement à perfectionner avec tant de soin l'éducation publique, qu'on soit
forcé de lui donner la préférence
sur l'éducation domestique; puisqu'en général celle-ci, comme

on l'a prouvé, ne fçauroit opé-
rer ni le bien de l'Etat ni celui
des particuliers.

Dans l'état actuel, où font
prefque tous nos Collèges, beaucoup de pères rougiroient d'y
faire élever leurs enfans. Les
Profefleurs étant avilis, & les
Magiftrats n'étant point attentifs à veiller fur leur conduite,
l'enfeignement eft mauvais & les
loix de la difcipline mal obfer-
vées. Eft-il étonnant que l'on s'en
éloigne ?

Leur décri n'a pas peu fans
doute contribué à accréditer l'o-
pinion abfurde, que de pareils
établiflemens font plutôt nuifibles qu'utiles. Il eft vrai que l'é-
ducation qu'y reçoit la jeuneffe
eft encore bien vicieufe. Mais
s'il eft poffible de les réformer &

de

de les rendre tels que les jeunes gens puiſſent y puiſer les princi-pes qui leur ſont néceſſaires pour bien remplir les différentes pro-feſſions (& quel homme oſeroit avancer le contraire ?), il eſt dé-montré qu'on ne doit point les détruire.

L'opinion de ceux qui préten-dent que la ſuppreſſion des Col-lèges des petites Villes de nos Provinces ſeroit avantageuſe à l'Etat , a d'autant plus beſoin d'être réfutée, qu'étant fondée en apparence elle peut devenir plus funeſte. « Nous avons (di-ſent-ils) en France , bien des » terres en friche , & beaucoup » qui produiſent peu parce qu'el-» les ſont négligées. Donc , les » Collèges des petites Villes ſont » préjudiciables au bien général.»

Mauvaise conséquence. Tout le monde convient que l'Etat manque d'Artisans & de Cultivateurs, qui cependant ne lui font pas moins néceffaires que les gens de lettres, les Ecclésiastiques, les Praticiens, &c ; mais cette difette vient-elle de nos petits Collèges ? Si l'on examinoit bien quelle en eft la véritable caufe, on verroit que c'eft à la misère plutôt qu'à toute autre chofe qu'il faut s'en prendre. Un payfan, qui, par les fuites funeftes d'un luxe deftructif des fociétés politiques & par les calamités inévitables qu'ont traîné après elles des guerres fanglantes & opiniâtres, vit dans la gène & manque, fouvent même, de l'abfolu néceffaire, jette, comme l'on dit, le manche après la

coignée , & devient nécessaire-
ment ou un fainéant ou un mi-
sérable fripon. On a lieu d'espérer
que , lorsque par les travaux du
sage & vertueux Ministre qui pré-
side aux finances* , le Roi pourra
procurer à ses peuples les soulage-
mens que les malheurs des tems
ne permettent point encore à sa
bonté paternelle de leur accorder, on ne se plaindra plus de la
disette des Laboureurs ; & nos
petis Collèges de Provinces ne
seront plus envisagés que comme
des établissemens utiles &
nécessaires au bien général &
particulier.

» Dieu voit avec la même
» complaisance (dit M. Dide-
» rot) la chaumière du pauvre
» & les lambris du riche ; & sa

____

* M. de l'Averdy.

» providence suprême n'a point
» d'égard à nos petites distinc-
» tions de rang & de naissance
» dans la distribution des ta-
» lens (1). » Or, si le génie &
les vertus sont de tous les états
& de tous les pays, ne seroit-il
pas contre l'équité naturelle &
le bien public de priver les petites Villes de tous les secours
de l'éducation ?

» Sortons de l'enceinte étroite
» de nos murs, & étendons nos
» regards sur cette multitude
» de sujets dispersés dans les
» Bourgs & dans les Campa-
» gnes. Ceux qui en ont appro-
» ché & qui ont une ame, gé-
» missent de voir tant d'enfans,
» toujours, & en dépit de notre

____

(1) De l'Educ. publique.

» orgueil, nos compatriotes &
» nos frères, si négligés, si dé-
» nués des secours auxquels ils
» ont droit comme les autres en
» raison de leurs besoins, &
» plus que les autres parce
» qu'ils ont moins de moyens.
» Les petites Villes, les Bourgs
» & les Villages sont aussi des
» parties de l'Etat. Les enfans
» les plus pauvres n'en sont pas
» moins les enfans de la patrie.
» C'est de-là que viennent les
» Artisans, les Laboureurs &
» les Soldats, sans lesquels il
» n'y a ni Etat ni patrie. (1) »
Ce seroit là le langage de tous
les hommes, si, à l'exemple de
M. Diderot qui plaide ici avec
autant de zèle que d'éloquence

____

(1) *Ibidem.*

la cause des pauvres & de l'humanité, ils raisonnoient d'après la justice & non d'après les préjugés cruels de l'orgueil & de l'ambition. Mais les politiques ont beau s'écarter, dans leurs vains systêmes, des règles immuables de la nature & de l'équité : l'auguste Prince qui nous gouverne est le père commun de tous ses sujets ; & ses soins paternels s'étendront à jamais sur tous.

L'ignorance n'est-elle pas assez grande parmi les peuples ? Faut-il encore l'augmenter par la suppression des petits Collèges ?

On a soutenu de nos jours (la postérité pourra-t-elle le croire ?) que les bonnes mœurs étoient incompatibles avec les

sciences , & que les Etats tou-
chent de bien près à leur déca-
dence lorsque les lumières des
lettres s'y introduisent. Quoi !
de ce qu'il est des cœurs assez cor-
rompus pour abuser de leurs connoissances, sera-t-on en droit de
conclure que le bonheur des peuples est dans leur ignorance , &
qu'il n'y a de la vertu que parmi
les Sauvages ? Malheur à la nation qui adopteroit de pareilles
maximes.

Il est évident qu'il est de l'intérêt public que les peuples
soient éclairés. Un Ecrivain
aussi sage & judicieux que mo-
deste & sçavant , & dont les
productions n'ont eu pour objet
que le bien de l'Etat & l'avantage de la jeunesse, M. Rivard,
en apporte les raisons les plus

convaincantes. « Une populace
» qui croupit dans l'ignorance
» (dit-il) eſt facile à émou-
» voir. Une imagination échauf-
» fée eſt capable de la porter
» aux dernières extrêmités , par-
» ce qu'elle n'eſt arrêtée par
» aucun principe qui la retienne
» dans le devoir. Il n'en eſt pas
» de même des peuples qui ſont
» inſtruits. Ils ſçavent ce qu'ils
» doivent à l'Etat & au Sou-
» verain ; & d'ailleurs, ils ſen-
» tent mieux les dangers qu'ils
» courroient en lui manquant de
» ſoumiſſion & de fidélité. (1) »

---

(1) Recueil des Mémoires.

M. Thomas , dans ſon diſcours de ré-
ception à l'Académie Françoiſe , approfondit
cette importante vérité , avec cette nobleſſe ,
ce feu, cette énergie, qui regnent dans tous
ſes écrits & qui enlèvent tous les ſuffrages

La gloire des Etats, la sûreté
des Rois & la prospérité des

» Tous les tems d'ignorance (dit-il) ont été
» des tems de férocité. L'empire de celui qui
» commande n'est alors que l'empire de la
» force. Alors il se fait un choc continuel d'un
» seul contre tous. C'est alors que le sang
» coule, que les trônes se renversent, que
» des pouvoirs rivaux s'élèvent. C'est alors le
» tems des grandes impostures qui trompent
» les nations & les siècles, des maximes qui ar-
» ment les peuples contre les Rois & les
» Rois contre les peuples. Alors on ne connoît
» ni les fondemens des Loix, ni les rapports de
» sa nation avec le Souverain, ni le bien, ni le
» mal, ni le remède, ni l'abus. Le peuple in-
» sensé & barbare est à chaque instant prêt à
» égorger l'homme d'Etat qui veut lui être
» utile, & qui ose lui présenter un bien qu'il ne
» conçoit pas. O vous qui calomniez les lu-
» mières, voilà le tableau de l'ignorance.
» Mais chez un peuple éclairé, la force du
» pouvoir n'est pas dans le pouvoir même ;
» elle est dans l'ame de celui à qui l'on com-
» mande. Plus on connoît la source de l'auto-
» rité, & plus on la respecte. On adore dans
» la loi la volonté générale : on se soumet à
» des conventions, d'où doit naître le bon-
» heur. L'homme altier sçait qu'en obéissant
» il sacrifie une portion de sa liberté pour con-

sujets sont essentiellement liées à la bonne éducation des enfans & à la culture des lettres ; & il est vrai de dire, que *si les peuples sont heureux quand ils ont des Rois Philosophes, les Rois sont aussi plus heureux quand ils ont beaucoup de leurs sujets Philosophes.* C'est la réflexion de l'illustre Auteur du siècle de Louis XIV. Elle est fondée sur la raison & confirmée par l'expérience de tous les âges. De

---

» server l'autre ; l'homme avare, que l'impôt
» qu'il paie est le garant de sa propriété ;
» l'homme robuste & méchant, qu'il ne seroit
» plus que foible & malheureux, s'il ne met-
» toit ses forces en dépôt dans la masse pu-
» blique. Les lumières apprennent qu'il n'y a
» dans l'Etat qu'une loi, qu'une force, qu'un
» pouvoir. Elles adoucissent les mœurs, &
» ôtent aux ames cette activité inquiéte &
» féroce qui ose tout parce qu'elle ne pré-
» voit rien. »

l'ignorance & de là grossièreté il ne peut résulter que l'opprobre d'une nation.

A ces puissans motifs de conserver les petits Collèges de nos Provinces, se joint celui de la diminution considérable des Ministres de l'Eglise que leur suppression occasionneroit infailliblement dans tous les Diocèses. En effet, les Paroisses de Campagnes ne sont desservies généralement que par des Prêtres de basse extraction & dont les familles sont pauvres & sans ressource. Or, s'il falloit aller chercher loin & à grands frais les connoissances que cet état exige, elles seroient bientôt sans Pasteurs. Aujourd'hui même qu'on a la facilité de faire ses études dans les Villes du second

& du troisième ordre , presque tous nos Prélats se plaignent qu'il leur manque beaucoup de sujets. A quoi seroient-ils donc réduits , si l'on ne laissoit subsister que les Collèges des grandes Villes ?

La saine politique demanderoit que les secours de l'éducation fussent tellement abondans par tout qu'on ne fût point obligé de quitter sa patrie pour les trouver. Car , il est bien peu de Villageois , qui , après avoir respiré l'air des grandes Villes dans leur jeunesse , se réduisent à habiter le séjour de leurs pères; & c'est un grand mal pour l'Etat. Ainsi pensoit autrefois le célèbre Pline. Nous voyons dans ses lettres , qu'il desiroit qu'il y eût par-tout des Ecoles pour l'inſtruction de la jeuneſſe afin qu'elle fût élevée dans le lieu même où elle prend naiſſance : & M. de Sacy nous apprend, dans la vie de cet aimable & délicat Ecrivain , qu'il établît lui-même des Ecoles à Côme, ſa patrie, & qu'il contribua d'un tiers à fonder les appointemens des maîtres.

L'Auteur des Lettres ſur l'éducation voudroit que les ſecours fuſſent adminiſtrés d'une manière plus ou moins diſtinguée. Les Villes du premier ordre marcheroient les premieres. Les Villes d' ſecond & du troiſième ordre ᵘˢ ſuivroient. Les Bourgs, les Villages & les Hameaux n'obtiendroient que la dernière place. Ici, l'éducation la plus ſimple , l'inſtruction la plus néceffaire feroit la feule qui fût permife & adminiftrée. Toute autre détourneroit trop des travaux les plus précieux à la fociété. (1)

---

(1) M. Diderot développe & étend cette idée. » Dans le chef-lieu de chaque Paroiffe (dit-il) » un Maître fuffira. Je borne ce qu'il convient » aux enfans de fçavoir à ce qui fuit : 1°. qu'ils » fachent lire & écrire ; 2°. qu'ils connoiffent » l'Arithmétique vulgaire ; 3°. qu'ils apprennent leur Cathéchifme.

» Il feroit à fouhaiter que l'on composât » pour eux un Code ruftique en forme de » Cathéchifme & divifé en deux parties. La » première feroit de droit. On y parleroit fuc-cinctement de ce qu'ils doivent au Souverain, » à leur Seigneur & à leur Curé, & de ce qu'ils » peuvent felon les petits privilèges de leur » communauté. Enfuite, on leur donneroit » une idée des contrats & des baux. La fe-conde partie feroit de pratique. On y don-neroit d'abord les principes généraux de » l'Agriculture, & enfuite des inftructious bien » expliquées fur les moyens de mettre au plus » haut produit les terres & les animaux de » chaque endroit.

» Dans les petites Villes, il y a des Bour-

Ceux qui, sans consulter ni le bien général de la nation ni l'équité naturelle, opinent pour la suppression des Ecoles des petites Villes, s'appuient encore sur ce que l'éducation y est très-mauvaise. « On passe (disent-ils)
» dans les meilleurs Collèges
» des grandes Villes les huit ou
» dix plus belles années de la
» vie presque à pûre perte.
» Quels progrès peut-on faire
» dans les autres qui ne font

————————————————————⟶

» geois aisés & en état d'avancer leurs enfans.
» Il faut donc que les études y soient arran-
» gées de façon que ceux qui doivent rester là
» sachent ce qui leur est nécessaire, & que les
» autres soient prêts à aller plus loin.
» Les Ecoles complettes ne conviennent
» guères qu'aux Capitales des Provinces & au-
» tres grandes Villes, à cause de la dépense
» qu'elles exigent, & parce que c'est spéciale-
» ment de-là que doivent sortir les hommes
» publics qui feront la gloire & le soutien de
» l'Etat. » *De l'Educ. Publique.*

» pas , à beaucoup près , auſſi
» bien montés ? »

Il eſt moralement impoſſible,
ſans doute, que dans les Ecoles
des petites Villes l'éducation
ſoit excellente. Les ſçavans Profeſſeurs , les habiles Maîtres
ſont ſur-tout très rares où
manquent les fonds néceſſaires
pour les faire ſubſiſter honora-
blement & dans la décence de
leur état. Mais par les moyens
qui ſeront propoſés ci après ,
on parviendra ſans peine à la
rendre moins vicieuſe.

Ce qui importe le plus à l'E-
tat & qui eſt véritablement digne d'intéreſſer la ſageſſe du
Gouvernement, c'eſt la forma-
tion d'un bon Collège, au moins,
dans chaque Capitale de nos
Provinces ; & dans les autres

Villes particulières, qui, par la multitude de leurs habitans, doivent attirer l'attention du Prince, & qui, par leurs reſſources, peuvent ſupporter les frais d'une dotation convenable.

La bonté d'un Collège tient eſſentiellement à deux choſes : la richeſſe de ſa dotation, & les honneurs dont on le décore. La profeſſion d'enſeigner, d'élever la jeuneſſe eſt ſi pénible, ſi dégoûtante par elle-même ; elle expoſe à tant d'inconvéniens ; elle eſt environnée de tant d'écueils ; elle entraîne tant de ſollicitudes & d'embarras, qu'elle ne peut être recherchée qu'autant que l'intérêt & la gloire marcheront à ſa ſuite & deviendront ſa récompenſe.

Il est inconcevable que les Ecoles publiques aient été jusqu'à présent aussi mal dotées. Nos Provinces s'épuisent en dépenses souvent superflues. Toutes nos Villes font, pour s'embellir, les plus grands efforts. Par-tout, on voit des établissemens uniquement destinés à amuser le citoyen oisif ; & il n'est pas rare que les dispensateurs des deniers publics récompensent avec profusion , non-seulement de légers services rendus à la patrie, mais des talens frivoles , quelquefois même dangereux. S'agit-il d'établissement pour former des hommes ? Faut-il gratifier des Maîtres vertueux & sçavans qui consacrent au bien public leurs veilles, leur repos , leur santé ? on ne rencontre qu'indifférence ; tout eſt obſtacle. Un vil Hiſtrion eſt dans l'opulence & vit dans le faſte ; un Profeſſeur public rougit preſque de ſon état. Faut-il que les membres les plus utiles de la ſociété ſoient préciſément ceux qu'on récompenſe & qu'on honore le moins ?

Ces deux choſes ſuivent néceſſairement aujourd'hui l'une de l'autre. Car, telles ſont nos mœurs : on ne juge des hommes que par le dehors ; on ne meſure le mérite de ceux qui ſervent le public que par les revenus ; & comme les Inſtituteurs ſont mal payés, on ne les regarde que d'un œil de mépris. Les talens, les vertus ſans cortège & ſans biens n'attirent plus notre attention. Des revenus, dépendent aujourd'hui la considération & l'estime publiques.

L'Université de Paris est peut-être la seule de nos Ecoles qui possède des fonds suffisans pour sa dotation. Presque toutes les autres sont misérables. « Quand » on considère (dit M. Diderot) » qu'il n'y a pas une Ville où » quelque suppôt de *Finances*, » *Directeur*, *Receveur* ou *Con-* » *trôleur*, n'ait à lui seul autant » & plus de revenu réel qu'il » n'en faudroit pour le Collège » de cette Ville ; n'est-on pas » étonné que l'Etat soit si pro-» digue pour des fonctions si » peu nécessaires ou du moins si » aisées, & qu'il y ait tant » d'embarras à trouver des fonds

» pour l'éducation publique qui
» eſt ſi pénible & qui importe
» tant à l'Etat ? (1) »

Ce célèbre Ecrivain (qu'on
ne ſe laſſe point de citer parce
qu'on trouve toujours ſes idées
auſſi juſtes qu'utiles) deſireroit,
que le Gouvernement prît di-
rectement l'entretien des Ecoles
publiques ſur les divers impôts
des Provinces, ou que les Villes
conſacraſſent à cet objet une
partie de leurs octrois. Pourroit-on les mieux employer ?
Et ne s'agit-il pas ici du plus
grand bien de l'Etat & des particuliers ?

» Les malheurs des tems (di-
» ra-t-on) ont épuiſé les finán-
» ces de l'Etat , & réduit les

____

(1) De l'Educ. Publique.

» Villes à l'impuiſſance de four-
» nir les fonds que l'inſtruction
» publique demande. » Dans
cette hypothèſe, le Clergé doit
y ſuppléer , puiſqu'il poſsède
des richeſſes immenſes & que
les biens Eccléſiaſtiques ſont le
patrimoine des pauvres. Ce ne
ſeroit point les détourner de
leur deſtination que d'en conſa-
crer une légère portion à des
établiſſemens qui n'ont pour
objet que de former de dignes
ſujets à l'Egliſe auſſi bien qu'à
l'Etat. Le Gouvernement n'a
qu'à faire connoître nos beſoins
preſſans au Clergé. Il n'eſt point
de ſacrifices qu'on ne ſoit en
droit d'attendre d'un corps
qui ne reſpire que le bonheur
des peuples , la gloire du Prince
& l'accroiſſement de la Reli-

gion. Mais d'ailleurs , si le Royaume est obéré , & si les forces de nos Provinces & de nos Villes sont affoiblies , les beaux jours anciens de la France ne sont point sans retour. Nous vivons sous un Prince qui ne veut que la félicité de son peuple.

La dotation d'un Collège doit être telle qu'elle procure aux divers membres qui le composent :

1°. L'aisance qui exclut les embarras du jour. La profession d'élever des enfans demande de la part de ceux qui l'embrassent, de l'application à l'étude, & de l'égalité dans l'humeur. Sans la première , on ne sçauroit conduire ses élèves bien loin dans la vaste carrière des sciences; & sans la seconde , on leur feroit

haïr l'étude & la vertu presqu.
tant que soi-même ; & les meilleurs préceptes qu'on pourroit
leur donner deviendroient inutiles. Or, comment des Profeffeurs auront-ils ces deux qualités
effentielles s'ils ont des foucis
de ménage ?

2°. La fécurité qui épargne
les inquiétudes de l'avenir. La
jeuneffe paffe ; & la vigueur du
corps s'enfuit avec elle. De plus,
mille accidens fâcheux peuvent
déranger les organes les mieux
conformés & détruire la confti-
tution la plus forte & la plus
robufte. Mais qu'on ait affez de
fanté pour continuer de fi pénibles fonctions jufques dans l'âge
le plus avancé : n'eft-il pas jufte,
qu'après avoir confumé fes plus
belles années à fervir le public,

on

on puiſſe vivre un jour pour ſoi-même ? Sans la perſpective d'un honnorable repos, un Profeſſeur, ou ſe dégoûte dans ſes fonctions, ou, s'il ne ſe néglige point par honneur, il ſe tourne bientôt vers une profeſſion plus avanta-geuſe & plus lucrative.

Dans les Collèges de Paris, on obtient la penſion d'émérite après vingt ans d'exercice & de profeſſion. Ce terme n'eſt pas aſſez prochain pour exciter ou ſoutenir le zèle des Profeſſeurs. Il ſeroit bon qu'à la dixième année ils en obtinſſent une partie.

Le Gouvernement peut les décorer en mille manières. Un titre, un cordon, une croix, tout eſt bon & capable de pro-duire le même effet, pourvû

D

qu'il porte avec foi l'idée du mérite éprouvé.

M. d'Alembert remarque qu'à
Genève les Profeffeurs peuvent
devenir Magiftrats, & que plufieurs le font en effet devenus.
Ce qui contribue beaucoup à
entretenir l'émulation & la célébrité de l'Académie. Cet exemple ne pourroit-il point être fuivi
parmi nous ?

Les hommes bien nés font
tous fenfibles à l'honneur, &
les gens de lettres plus que perfonne. On ne s'enferme dans la
retraite d'un cabinet, on ne
pàlit nuit & jour fur des livres,
on ne travaille avec ardeur à
développer fes talens & à acquérir des connoiffances que pour
tenir un rang dans la fociété,

C'eſt l'eſpoir de la conſidération qui fait les Artiſtes & les Sçavans.

Avec quel zéle ne s'acquitteroient pas de tous leurs devoirs des Profeſſeurs qui pourroient s'élever aux premières places par leur mérite ? Ceux qui ont une juſte idée de la nobleſſe de leur état ſe mettent au-deſſus des vains préjugés qui les dégradent ; & pour bien rempli leurs fonctions, il leur ſuffit de connoître les avantages qui réſultent de leurs travaux. Mais il eſt ſi peu de ces hommes vraîment citoyens, qui ſe dévouent à la patrie ſans motif d'intérêt & à qui le bien qu'ils font ſert luimême de récompenſe par la ſatisfaction intérieure qu'il leur procure, qu'à moins que le Gou-

vernement n'excite les Instituteurs par l'intérêt, & sur-tout
par la gloire qui est le plaisir
le plus actif & la passion la plus
vive du cœur humain, l'éducation sera toujours très-mauvaise
dans les Ecoles. (1)

----

(1) » Il faut (dit à ce sujet un Magistrat célè-
» bre dont les écrits honnorent la nation) té-
» moigner aux maîtres de la confiance & de
» la considération, les regarder comme les
» dépositaires des espérances de la nation, leur
» inspirer par vos égards l'envie de se rendre
» dignes de votre amitié, le desir d'être utile
» à vos enfans par reconnoissance, l'amour de
» leur état dont vous adoucirez les peines, &
» l'ambition d'en remplir les devoirs avec
» honneur. Mais si par vos dedains & vos mé-
» pris vous les releguez parmi des gens obscurs;
» si vous ajoutez à leurs pénibles travaux vos
» mépris, plus insupportables encore, ils ser-
» viront la patrie en vrais mercenaires, sans
» zèle & sans amour pour ses intérêts ; & l'art
» de former des citoyens ne sera qu'une pro-
» fession obscure & avilie, abandonnée à des
» gens sans ressource, & peut-être sans mœurs,
» qui viendront cacher leur misère & leur

On peut ajouter que le peu de cas qu'on fait d'eux, influant sur la façon de penser des Elèves, anéantit l'effet de l'éducation & rend les meilleures leçons inutiles. C'est là en effet la source la plus ordinaire de la mauvaise discipline de nos Collèges. Les enfans, accoutumés à n'entendre parler de leurs maîtres que comme de gens à gages, qui, dans l'ordre de la société occupent le dernier rang, prennent des impressions défavorables & secouent le joug de l'obéissance. Ils font devant eux sans respect ; ils les regardent

____

» manque de talens dans la poussière des clas-
» ses, & se vengeront de l'humiliation où
» vous les tiendrez par la mauvaise éducation
» qu'ils donneront à vos enfans. » *Ess. d'Educ.*
Nationale.

D iij

avec dedain ; ils les écoutent avec indifférence ; souvent même ils repouffent leurs corrections par des infultes & des outrages.

Eft-il étonnant, que l'état de Profeffeur fixe fi rarement un homme de mérite & ne foit prefque toujours pour ceux qui l'embraffent qu'un état paffager & accidentel ? On ne s'y engage communément que parce qu'on ne peut entreprendre autre chofe; & quand, après s'y être engagé, on trouve le moyen de prendre un état différent, on fe hâte de rompre des liens qu'on trouvoit trop durs & dont on rougiffoit.

C'eft parce que les Inftituteurs font, pour ainfi dire, avilis, que les Collèges de nos Province; ne font livrés qu'à des hommes médiocres, tirés pour la plûpart de la lie du peuple; & c'eft fans contredit un grand mal. La naiffance, il eft vrai, ne donne & ne fuppofe pas toujours le mérite. Mais pour l'ordinaire, dans les maifons honnêtes, où les facultés, les reffources favorifent les fentimens, on eft mieux élevé; & l'on s'efforce de ne pas dégénérer de fes pères. Si les Collèges étoient mieux dotés & plus décorés, des Membres diftingués de tous les états s'emprefferoient d'en briguer les places; & la jeuneffe recevroit une meilleure éducation.

Les Sçavans profonds, les grands Ecrivains, les Artiftes célèbres peuvent obtenir des penſions , des marques d'honneur , des titres de nobleſſe. Les exemples même en ſont très-fréquens dans cette monarchie. Mais pourroit-on compter beaucoup de fameux Profeſſeurs , à qui les mêmes faveurs ont été accordées ? Cependant , que ne doit-on pas à ceux-ci lorſqu'ils rempliſſent dignement les nobles fonctions dont ils ſont chargés ? L'Etat & la ſociété leur doivent leur bonheur ; la religion , ſon accroiſſement & ſa gloire.

On ſe plaint généralement qu'il eſt difficile de trouver d'habiles Profeſſeurs pour les Collèges. Cette diſette n'aura plus lieu quand on ſçaura faire jouer à propos les deux puiſſans reſſorts du cœur humain , l'intérêt & l'honneur ; cela eſt démontré.

Quelques Collèges bien montés, dans chaque Province , feront éclorre une foule de bons fujets. Que ne feront pas les regards favorables du Souverain chez une nation qui adore fes Rois ? Affurés aux Inftituteurs qui fe diftingueront par de brillans fuccès , ils exciteront une émulation générale ; & l'éducation ceffera d'être vicieufe.

M. Rivard feroit d'avis, que, comme l'art d'enfeigner demande des talens & des connoiffances peu communes , il y eût une maifon d'inftitution, où des jeunes gens , en qui on auroit reconnu de la fageffe , de l'application & des difpofitions , fuffent inftruits relativement à cet objet, tant par rapport à la

piété que par rapport aux sciences. (1)

Un autre moyen infaillible
pour former de bons Maîtres &
pour rendre l'éducation presque
également bonne par-tout , se-

---

(1) » Si on veut (dit-il) que les Collèges & les
» Univerfités foient réglés comme il con-
» vient, & que les Ecoliers y foient bien élevés
» & pour le cœur & pour l'efprit , il faut pre-
» mièrement que ceux qui font deftinés à de-
» venir maîtres foient formés pendant un
» tems convenable dans une maifon où ils
» trouvent tous les fecours néceffaires pour fe
» mettre en état de bien exercer leurs fonc-
» tions. Les jeunes maîtres ont mille moyens
» qui tous font propres à leur faire acquérir
» les qualités de l'efprit. Quant à celles du
» cœur, ils ne peuvent être bien formés, au
» moins pour la plûpart, que dans une maifon
» d'inftitution dont tous les exercices , toutes
» les études, toutes les inftructions, tous les
» exemples tendroient à donner du goût &
» à infpirer de l'amour & de l'inclination pour
» les fonctions de Maîtres. La pratique feroit
« jointe à l'inftruction. Ainfi , tout contri-
« bueroit, dans cette célèbre Ecole , à l'inf-
» truction des Elèves. » *Rec. de Mémoires.*

roit de ne placer dans les Chaires des Capitales que des sujets dont le mérite se seroit déjà fait connoître dans quelqu'autre Ville de la même Province , ou du moins de donner la préférence à ceux-ci sur tous autres (le mérite d'ailleurs égal) dans le cas de la concurrence. Les petits Collèges , servant alors comme de degré pour parvenir aux grands , prendroient une face nouvelle. Les Professeurs ne s'y livreroïent plus au dégoût & à la paresse. Tous se piqueroient de former des Elèves qui leur fissent honneur.

Les Collèges qui sont régis par des Congrégations seroient exceptés. On leur porteroit un préjudice considérable en leur enlevant les bons Professeurs qu'ils possèdent. D vj

Mais lorſqu'après avoir fait preuve dans leurs Congrégations de leur talent à élever la jeuneſſe, ces Maîtres, dégagés dans la ſuite de leurs liens, ſe préſenteroient au concours pour quelque grande Chaire, ils pourroient y être admis & obtenir même la préférence ſur ceux qui n'auroient pas encore profeſſé.

Les Magiſtrats des Villes, où les Collèges ſeroient confiés à des Communautés ſéculières, ſeroient tenus de veiller avec attention ſur la diſcipline & l'enſeignement, & d'en rendre un compte exact, toutes les années, au Bureau d'adminiſtration du Collège de la Capitale.

Peut-être, ſeroit-ce un bien pour le public qu'aucun corps ne fut chargé du dépôt de l'enſeignement. En effet, quoi que l'on puisse dire en faveur des Congrégations qui sont employées pour cet objet, il est certain qu'elles ont, comme tous les corps réguliers, des intérêts, des vues propres, un esprit particulier qui n'est pas toujours l'esprit national ; que les sujets, n'étant pas animés par de grands motifs, n'y remplissent pas toujours leurs fonctions avec zèle ; que ceux qui ont des talens & ceux qui n'en ont pas y sont indistinctement employés, & les uns & les autres de trop bonne heure & trop peu de tems pour parvenir à faire de grands Elèves.

Mais comme c'est un préjugé fort ancien & assez généralement répandu, qu'il n'y a que

les corps qui puissent régir les
Ecoles publiques , il est nécessaire , pour le détruire , d'entrer
dans quelques détails & de résoudre les cinq questions suivantes.

I. Question. *L'enseignement des
corps , est-il meilleur que celui de particuliers indépendans les uns des autres , mais
subordonnés à la même discipline ?*

Ceux qui le prétendent ne
consultent ni l'expérience ni la
raison. L'Université de Paris a
seule produit plus de grands sujets que tous les autres Collèges
ensemble; & s'il est sorti quelques beaux génies des Ecoles
qui sont régies par des Communautés , c'est que les talens supé-

rieurs n'ont befoin pour fe faire jour que d'une culture médiocre.

L'enfeignement des corps ne fut & ne fera jamais excellent. Ce n'eſt pas qu'ils n'aient des membres très-diſtingués par leur capacité & par leur ſcience. Mais chez eux les Profeſſeurs font trop peu de tems employés dans les claſſes. Ils fe forment en les parcourant; & les Difciples perdent leur tems. « Dans les pre-
» mières années (dit M. de la
» Chalotais) un jeune Régent,
» qui n'eſt qu'un vieux Ecolier,
» achève le cours de ſes études
» aux dépens d'autrui. Il fur-
» charge ſes Elèves de thèmes
» qui lui coutent peu à dicter,
» de longues & d'ennuyeuſes le-
» çons. Toute la peine & tout

» le travail est du côté des en-
» fans. Pendant ce tems il s'oc-
» cupe à ce qui peut lui être
» utile. Il fait des collections,
» des extraits. Il se prépare par
» des discours à la prédication,
» ou à la direction par des lec-
» tures. Dès qu'il s'est formé &
» qu'il s'est mis en état, par
» les connoissances qu'il a ac-
» quises, d'être utile aux autres,
» il abandonne cet enseigne-
» ment & va remplir la voca-
» tion à laquelle il est destiné
» pour la gloire & le profit de
» son ordre. (1) »

Le défaut d'émulation est encore un obstacle à ce que l'enseignement des corps soit aussi
bon que celui de particuliers

---

(1) Ess. d'Educ. Nationale.

qui se consacrent à cet état.
Des Professeurs stables & perma-
nens, qu'on aura soin de décorer
& qu'on paiera bien, seront toujours fort supérieurs aux leurs.
C'est l'exercice continuel & le double motif de l'honneur & de l'intérêt qui font les grands Maîtres.

II. QUESTION. *Les enfans, sont-
ils mieux instruits de la Religion dans les Collèges régis
par les corps que dans les autres ?*

Cela peut être jusqu'à présent. Cependant, l'Université de
Paris a toujours fait de la Religion le principal objet de ses
instructions & consacré par
elle les études de ses Elèves. Le
sage & vertueux Rollin , dans
la troisième partie du discours

qui eſt à la tête de ſon Traité
des études, nous préſente le réglement, par lequel elle a ordon-
né que dans toutes les claſſes,
outre les autres exercices de
piété, les Ecoliers réciteroient
chaque jour quelques ſentences
tirées de l'Ecriture Sainte &
ſur-tout du Nouveau Teſtament,
afin que les autres études ſoient
comme aſſaiſonnées par ce divin
ſel. Si les autres Ecoles du Royaume ſont moins exactes ſur un
article auſſi important, il eſt
facile de les réformer. Le Gouvernement n'a qu'à faire un devoir aux Profeſſeurs & aux Principaux de ce genre d'inſtruction.
» D'ailleurs (ajoute M. de la
» Chalotais), c'eſt dans le ſein
» des familles Chrétiennes &
» dans les inſtructions des Pa-

» roiſſes que les enfans doivent
» prendre les élémens du Chriſ-
» tianiſme. (1) »

III. QUESTION. *La diſcipline des
Collèges régis par les corps ,
eſt-elle meilleure que celle des
Collèges régis par des particuliers ?*

. Il eſt vraiſemblable qu'elle
l'eſt aujourd'hui , ſur-tout en
Provinces. Mais que les derniers
ſoient dotés & décorés comme
ils doivent l'être ; que le Gouvernement daigne veiller ſur
eux , & qu'il ſoit attentif à ré-
compenſer les Profeſſeurs qui s'y
diſtinguent & à punir ceux qui
s'y négligent : le bon ordre re-
gnera dans ceux-ci plutôt que

____

(1) Eſſai d'Educ. Nationale.

dans ceux-là, où les sujets, ne pouvant ni gagner ni perdre beaucoup, seront toujours peu vigilans & peu animés.

Mais ce qui nuit le plus à la discipline des Collèges régis par des corps, c'est cet esprit de tracasserie & de domination, vulgairement appellé *moinerie*, qui est comme inséparable des Communautés. Le supérieur veut regner despotiquement ; & l'inférieur, qui se croit libre, secoue le joug de la dépendance. De-là, les dissentions & les changemens qu'on y voit. L'inférieur mécontent néglige son devoir ou le fait avec indolence ; & le supérieur irrité se venge de lui ou le punit en appellant quelqu'autre sujet en sa place.

IV. QUESTION. *Les corps, sont-ils propres à former les enfans aux vertus morales & politiques ?*

M. de la Chalotais a décidé contre eux cette grande question. » Le bien de la société (dit-il) » exige manifestement une édu- » cation civile ; & si on ne sécu- » larise pas la nôtre , nous vi- » vrons éternellement sous l'es- » clavage du pédantisme. Pour- » quoi faut-il en effet que des » Collèges soient administrés » par des Moines ou par des Prê- » tres ? Le plus grand vice de » l'éducation, & le plus inévita- » ble peut-être tant qu'elle sera » confiée à des personnes qui » ont rénoncé au monde & » qui loin de chercher à le con-

» noître ne doivent chercher
» qu'à le fuir , c'est le défaut
» absolu d'instruction sur les
» vertus morales & politiques.
» Notre éducation ne tient point
» à nos mœurs comme celle des
» Anciens. Après avoir essuyé
» toutes les fatigues & l'ennui
» des Collèges , la jeunesse se
» trouve dans la nécessité d'ap-
» prendre en quoi consistent les
» devoirs communs à tous les
» hommes ; elle n'a reçu aucun
» principe pour juger des ac-
» tions, des mœurs , des opi-
» nions , des coutumes ; elle a
» tout à apprendre sur des arti-
» cles si importans. On lui ins-
» pire une dévotion qui n'est
» qu'une imitation de la Re-
» ligion , des pratiques pour
» tenir lieu des vertus & qui

n'en font que l'ombre. (1) „

V. QUESTION. *Les corps, font-ils moins à charge au Public & à l'Etat que les particuliers ?*

Ceux qui n'envifagent que la dotation qu'exige le fyftême de confier l'éducation des enfans aux derniers , ne balanceront pas à fe décider pour l'affirmative. Cent écus, il eft vrai, peuvent fuffire à la rigueur pour l'entretien d'un homme de corps; & quinze cent livres fuffifent à peine pour celui d'un Maître ifolé qui n'a que les appointemens de fa profeffion & le falaire de fon travail.

Mais quel préjudice ne por-

_____

(1) Effai d'Educ. Nationale.

tent pas les corps en général à la société ?

1°. Par leur multiplication & leur accroissement. Il est juste qu'il y ait des asyles pour la piété qui veut fuir le monde ; mais il ne faut point qu'ils soient trop nombreux. La Religion n'y gagneroit rien ; & l'Etat y perdroit beaucoup. On commence enfin à s'appercevoir qu'il y a trop de Communautés séculières ou régulières; & le Gouvernement s'occupe aujourd'hui de leur réduction.

2°. Par le Prosélytisme, qu'on pourroit appeller leur manie. Ils ne different les uns des autres que du plus ou du moins. Ceux qui régissent des Collèges ont plus de facilité que les autres pour exercer leur séduction. Que n'inspire-t-on pas à de jeunes

enfans

enfans qu'on dirige & qu'on tient sous sa dépendance ? Aussi, combien de grands sujets auroient servi l'Etat dans la vie civile, qui ont enfoui leurs talens dans le Cloître où leur vocation ne les appelloit pas ?

3°. Enfin par leurs acquisitions légitimes ou illégitimes. Il y a long-tems qu'on s'en plaint dans tous les états ; & la plûpart des Gouvernemens ont été forcés de leur prescrire de justes bornes.

Supposons néanmoins qu'il en coutât beaucoup plus de faire régir les Collèges par des particuliers. N'est-ce pas du plus grand bien de la société qu'il s'agit ici ? & doit-on calculer dans ce cas ?

Mais en vain la raison reclame

contre les loix de la néceffité. Les Collèges des petites Villes (à moins qu'une autorité fupérieure ne veuille s'en mêler) ne feront jamais bien dotés ; & les Communautés feront vraifemblablement toujours employées.

On ne les exclura donc point, s'il le faut, de l'enfeignement des Ecoles fubalternes, à condition qu'elles feront comptables de leur conduite à des Adminiftrateurs éclairés.

Une Congrégation célèbre * s'eft crue autorifée, par les fervices importans qu'elle a rendus à la Religion & aux lettres, à s'élever, dans un Mémoire préfenté à la Cour, contre le projet de foumettre fes nouveaux

---

* Celle de l'Oratoire.

établiſſemens à la jurifdiction des Bureaux d'adminiſtration créés par l'Edit de 1762. Cette démarche a pu être louable dans ſon principe ; mais elle eſt reſtée infructueuſe juſqu'à préſent, parce que là où le bien général eſt intéreſſé, toute conſidération particulière doit diſparoître.

Les corps qui font profeſſion d'enſeigner travaillent pour l'Etat & non pour eux-mêmes. S'ils avoient d'autres vues, feroient-ils dignes d'être employés. Ils ne doivent donc point trouver ſi étrange qu'on veuille les faire dépendre des Evêques, des Magiſtrats, des notables des lieux où l'éducation des enfans leur eſt confiée. S'ils font le bien, ils n'en feront que plus honorés. Si au contraire ils se négligent dans l'exercice de leurs fonctions, il n'est pas juste que le public en souffre.

Il ne suffit pas d'avoir de bons Professeurs dont le zèle ne se relâche point ; il faut encore que leurs Elèves soient animés de manière qu'ils répondent à leurs soins & profitent de leurs leçons. On peut y parvenir par bien des moyens.

Les enfans, susceptibles en général de toutes sortes d'impressions, sont capables des plus grandes choses quand on sçait enflammer leur émulation. S'il en est d'insensibles que rien ne touche, de paresseux, de lâches que rien ne fait sortir du centre de leur repos : il en est que la gloire & la vertu peuvent attirer par leurs charmes. Qu'on offre à ceux-ci des prix honora-bles : on en fera infailliblement de grands hommes. Les distinc-tions font le plus sûr moyen pour élever les talens & les ver-tus ; " & si on a dit (ajoute un » Auteur* que tout le monde lit, » & chez qui tout le monde » trouve à s'instruire) qu'il ne » faut estimer les hommes que » ce qu'ils valent , on peut dire » aussi que les hommes ne » valent que ce qu'on les es— » time. (1) »

On excite , dans bien de nos Collèges , les talens par des ré-compenses : mais il est rare qu'on étende la même attention jus-qu'à la vertu. Le Gouvernement

____

(1) Princip. de la Littérature.
*M. l'Abbé Batteux.

est intéressé à faire cesser une négligence aussi préjudiciable au bien général. L'État peut bien se passer de talens ; mais il ne subsistera jamais sans vertus. Eh ! que deviendroit la société si ses membres n'étoient qu'éclairés ? On ne verroit que troubles, que malheurs , dans les différens ordres qui la composent. Les talens , il est vrai , font le plus bel ornement des Empires; mais les vertus assurent leur bonheur.

Le bien public demanderoit donc , que, ce que l'on fait pour le progrès des sciences , on le fît aussi pour le progrès de la vertu. Les prix , distribués à ceux qui, dans un Collège , se feroient toujours distingués par une conduite irréprochable & par des actions vertueuſes , opéreroient deux bons effets : ils affermiroient ceux-ci dans leur ſageſſe ; & ils enflammeroient les autres de l'ardeur de les imiter , en les faiſant rougir de n'avoir pu prétendre encore aux mêmes diſtinctions. (1)

M. Rivard voudroit que la diſtribution des prix de vertu ne fût faite que par les enfans (2) ;

---

(1) On peut conſulter à ce ſujet ce qu'ont écrit Mrs l'Abbé de Saint Pierre dans ſes divers projets de réformation , & Rivard dans ſon Recueil de Mémoires. Ils ſe ſont exprimés l'un & l'autre très-fortement ſur l'abus contre lequel nous nous élevons.

(2) » Rien ne rendroit (dit-il) la choſe » plus intéreſſante pour ceux qui les recevroient » que ſi c'étoit les Ecoliers eux-mêmes qui les » adjugeaſſent , pourvû qu'il y eût lieu de » croire qu'ils ſeroient donnés au mérite. Il » faut obſerver d'abord que les Ecoliers ſe » connoiſſent fort bien les uns les autres ; &

& il obſerve que ce ne ſeroit pas ſeulement le deſir & l'eſpérance des prix qui exciteroient dans les jeunes gens des ſentimens nobles, des ſentimens qui tendroient au bien de la ſociété ; que ceux qui les adjugeroient y ſeroient auſſi animés par la manière dont ils procéderoient à l'élection de ceux auxquels il

---

» d'ailleurs ils ont aſſez de diſcernement pour
» diſtinguer ce qui eſt louable d'avec ce qui
» mérite d'être blâmé, ſur-tout ſi ce ſont des
» Ecoliers d'une claſſe un peu avancée. Il ne
» s'agiroit donc que de choiſir entre ceux qui
» ſeroient les plus équitables, & dont il n'y
» auroit pas lieu de craindre qu'ils ſe détermi-
» neroient par des motifs d'amité plutôt que
» par la conſidération du mérite dans les choix
» qu'on les chargeroit de faire. Il ne faudroit
» pas prendre pour juges ni pour arbitres des
» Ecoliers de la même claſſe, à cauſe des liai-
» ſons d'amitié qui les rendroient ſuſpects de
» partialité, & que d'ailleurs ceux qui mérite-
» roient les prix ſe trouveroient ſans doute
» entre les arbitres. *Rec. de Mémoires.*

faudroit les donner. « Car
» (ajoute-t-il), tout ce qui ac-
» compagneroit cette commif-
» fion diftinguée les engageroit
» à s'y comporter avec équité.
» Ce feroit pour les jeunes gens
» une forte d'apprentiffage d'é-
» quité & de juftice ; & s'ils
» avoient exercé plufieurs fois
» cette fonction, ils fortiroient
» du Collège avec des fentimens
» qui feroient d'excellentes dif-
» pofitions pour être de bons
» Magiftrats, ou pour bien fer-
» vir la patrie dans d'autres
» charges ou emplois publics. »

Un Profeffeur habile diftin-
gue de la foule de fes Elèves
ceux qui font des progrès plus
rapides dans l'étude des lettres
& de la fageffe ; & non content
de leur affigner dans fa claffe

E v

des places honorables qui *les* font sortir du rang ordinaire, il recherche avec empressement les occasions de leur faire connoître le cas qu'il fait de leur mérite & la préférence qu'il leur donne sur tous les autres. Cet art, qui exige de grands ménagemens, caractérise sur-tout le grand Maître.

Il seroit digne de la bonté paternelle du bien aimé Monarque qui nous gouverne, & de la haute sagesse de ses Ministres qui le secondent si parfaitement dans ses vues, de fonder à perpétuité, dans tous les Collèges des Capitales, des bourses ou places gratuites en faveur de jeunes gens qui annoncent de bonne heure des talens & des vertus, & dont les familles ne font pas assez riches pour leur donner une édu-cation convenable.

On a toujours regardé avec raiſon ces ſortes d'établiſſemens comme très-importans. Pline , qui établit des Ecoles à Côme ſa patrie, y fonda encore, ſelon M. de Sacy, des penſions an-nuelles pour un certain nombre de jeunes gens de famille, à qui leur mauvaiſe fortune avoit re-fuſé les ſecours néceſſaires pour étudier.

Il y a des bourſes fondées dans bien des Collèges, ſur-tout à Pa-ris. Ce ſeroit un grand bien pour l'Etat qu'on étendît la même fondation à tous les Collèges des Capitales de nos Provinces.

On ne feroit ici acception de perſonne. Le fils du Roturier & de l'Artiſan ſeroit de pair avec le fils du Noble. La supériorité de mérite donneroit seule la pré-férence. « Car (dit M. Diderot), » tant qu'on pourra obtenir par » la faveur & par l'intrigue le » prix des talens & de la vertu, » qui se mettra en peine de de-» venir meilleur ? (1) »

Ces places ne seroient en effet véritablement avanta-geuses à l'Etat par l'émulation qu'elles exciteroient parmi la jeunesse, qu'autant qu'elles se-roient données non aux petites recommandations mais au seul mérite.

Deux établissemens fameux (celui de l'Ecole Royale Mili-taire, & celui de la Flèche) ont été consacrés à la jeune noblesse

____

(1) De l'Educ. Publique.

qui manque de reſſources ; & toute la France a applaudi à la généroſité du Prince, qui ſçait ſi bien reconnoître dans les enfans les ſervices rendus à la patrie par leurs ancêtres. Les vœux de la nation ſeroient à leur comble, ſi tant de beaux génies, dont la nature enrichit indiſtinctement les divers ordres de l'Etat, & qui ſont perdus pour la ſociété faute de culture, attiroient l'attention du Gouvernement.

Les talens, ainſi que les vertus, ne ſont pas tous renfermés dans les murs des Villes. La Campagne poſsède auſſi ſes rares productions; & c'eſt ſouvent des lieux les plus obſcurs que ſortent les hommes les plus extraordinaires.

Tous nos ouvrages périodi-
ques ont fait mention, il y a deux
années, d'un enfant du pays de
Vauges en Lorraine , fils d'un
pauvre payfan , qui , par les
feules forces de fon génie inven-
tif & calculateur, eft parvenu à
acquérir les connoiffances les
plus profondes d'Arithméti-
ques. (1)

Perfonne n'ignore l'hiftoire
du jeune M. François , natif de
Neuf-Château , auffi en Lorraine , qui dans l'âge le plus
tendre étonne par fes produc-

____

(1) On peut confulter le Courier d'Avi-
gnon du 12 Décembre 1766 , article *Paris.*
L'Auteur de cette Gazette ajoute : « L'Acadé-
» mie Françoife , fur le rapport de M. d'Alem-
» bert , a délibéré de fupplier le Roi d'affigner
» à cet enfant une fubfiftance dans quelque
» bon Collège de Paris , afin qu'on puiffe ti-
» rer parti d'une difpofition fi heureufe & fi
» fingulière. »

tions poëtiques les Voltaire même, & qu'un illuftre & généreux Seigneur*a pris fous fa protection.

C'eft le Gouvernement qui
devroit fe charger de pareils
génies. « Que des efprits mé-
» diocres reftent en arrière (dit
» M. Diderot), c'eft un bien,
» même pour eux. Mais n'eft-il
» pas affligeant que des ames
» bien faites, des génies heureu-
» fement nés, rampent dans
» l'obfcurité, ou foient réduits
» pour fe foutenir à des ref-
» fourcesqui les dégradent? (1)»
Les Seigneurs devroient être
invités à veiller avec foin dans
leurs terres fur ces jeunes plantes, qui promettent, pour ainfi

____

(1) De l'Educ. publique.
*M. le Commandeur de Saint Paul.

dire, dès leur naissance, les plus beaux fruits. Après s'être bien assurés des heureuses dispositions & des grandes qualités d'un enfant qui leur paroîtroit digne de la protection du Gouvernement, ils auroient soin de le faire connoître des Administrateurs du Collège de la Capitale pour être mis au nombre des boursiers.

Il ne s'agit point de détourner les gens de la Campagne des travaux auxquels ils sont comme naturellement destinés, mais de seconder ceux qui ont reçu des talens supérieurs. Or, il en est si peu de ce genre qu'on ne doit pas craindre de diminuer le nombre des Artisans & des Cultivateurs.

Au sortir de la première éducation, cette jeune troupe d'élite, éparfe dans les différens Collèges de nos Provinces feroit raffemblée dans la Capitale du Royaume. Là, feroit établie une Ecole particulière où l'on acheveroit de perfectionner fes connoiffances en tout genre; mais où l'on feroit fa principale étude de la morale & du cœur humain, du droit naturel, des gens & politique, des mœurs & des Gouvernemens des différentes nations de la terre.

Ces connoiffances font nonfeulement utiles, mais néceffaires pour tous les Etats. Pour fe bien conduire parmi les hommes, il faut les connoître. Pour rendre à chacun ce qui lui appartient, il faut être inftruit des obligations réciproques & des liens communs des divers membres de la société. Pour contribuer au bien général, il faut approfondir nos vertus & nos vices, & leur comparer les vertus & les vices des autres peuples.

Tous les Elèves, qui composeroient cette Ecole, auroient des talens & de bonnes mœurs ; ils n'y seroient point entrés sans cela : mais leurs inclinations ne les porteroient pas tous vraisemblablement vers les mêmes objets & le même genre de vie.

Le Gouvernement ne les gêneroit point dans leur vocation ; & chacun seroit libre d'embrasser l'état qui seroit le plus de son goût, & pour lequel il auroit reçu plus de dispositions naturelles.

Un Etat ne peut être heu-
reux qu'autant que chaque citoyen occupe la place qui lui
convient & que la Providence
lui a affignée. Si l'homme d'E-
glife étoit né pour les armes, fi
le Militaire étoit appellé à la
Magiftrature, fi le Magiftrat
n'avoit reçu des talens que pour
le commerce, fi le Commerçant
n'étoit entraîné que vers les
fciences & les beaux arts, fi enfin
celui qui commande ne devoit
qu'obéir : le défordre & la con-
fufion régneroient par-tout ; &
la fociété feroit anéantie.

Les Adminiftrateurs de cette
Ecole feroient donc feulement
chargés d'approfondir avec le
plus grand foin le génie & le
caractère particulier de tous les
Elèves. Car, on fçait que les

hommes ne différent pas moins les uns des autres par les qualités de l'esprit & de l'ame que par celles du corps. La nature en a ainſi diſpoſé, afin que, comme les états & les beſoins de la ſociété ſont divers, chaque individu pût ſuivre ſa deſtination & concourir à l'harmonie générale.

Mais, comme de toutes les connoiſſances celle des hommes eſt la plus difficile ; & que, pour découvrir leurs talens, leur humeur, leurs paſſions, leurs inclinations dominantes, il ne faut pas moins de perſévérance que de ſagacité : les Profeſſeurs ſeroient tenus de repréſenter de trois mois en trois mois leurs obſervations ſur tous les Elèves, tant qu'ils ſeroient détenus dans l'Ecole, & les Administrateurs d'en examiner la justesse & l'impartialité avant que d'en faire regiftre, pour être en état de faire de chacun d'eux un rapport exact & fidèle aux Ministres quand ils feroient dans le cas de les employer.

Le tems destiné à étudier dans cette Ecole étant écoulé, ces Elèves feroient rendus à leur famille. Mais le Gouvernement, leur continuant toujours fes faveurs, leur accorderoit une pension convenable. Les uns iroient fe préparer dans la retraite des Séminaires aux fonctions redoutables du facré Ministère. D'autres embrafferoient la profeffion des armes. D'autres fe confacreroient aux nobles exercices du Barreau, de la Magiftrature, ou à la profeſſion des ſciences & des beaux arts , &c. Ainſi répandus dans les différens ordres de l'E-tat , ils en feroient le bonheur & la gloire.

Le Gouvernement ne les per-droit jamais de vue. Dans les oc-caſions , il les pourvoiroit de charges & d'emplois ; il les éleve-roit aux dignités, pour récompen-ſer leur mérite, & pour en faire recueillir les fruits au Public.

A l'Ecole dont on vient de parler feroient appellés , avec tous les bourſiers des différens Collèges , les jeunes gens de pa-rens riches , qui , après avoir donné conſtamment , dans tout le cours de leur première éduca-tion , des preuves de leur capa-cité & de leur ſageſſe , mérite-roient auſſi d'avoir part aux faveurs du Gouvernement. Ils ne feroient point gratifiés de penfions, comme ceux-là, lorfqu'ils rentreroient dans le fein de leur famille ; mais ils feroient nommés aux premiers· emplois vacans pour lefquels ils feroient nés propres.

Qui n'apperçoit point du premier coup-d'œil quelles feroient les fuites d'une inftitution auffi fage ? Nos Collèges fortiroient du néant, où le défaut d'émulation dans les maîtres & les enfans les a retenus jufqu'ici ; & tous les ordres de l'Etat fe peupleroient infenfiblement de grands hommes.

Parmi ces différens Elèves, il s'en trouveroit toujours vraifemblablement que leur inclination tourneroit vers la politique, &

qui auroient de l'aptitude pour les affaires. Le Gouvernement deſtineroit ceux-ci à ſeconder un jour les opérations laborieuſes & délicates du Miniſtère.

Mais, avant que d'être placés dans ces importans Bureaux, où ſe concilient les intérêts des Cours, & d'où partent ces dé-ciſions & ces oracles qui font la deſtinée des peuples : ils ſeroient donnés pour Secrétaires ſurnu-méraires à nos Ambaſſadeurs ou Envoyés extraordinaires chez les Etrangers ; & l'Etat fourni-roit à leur entretien.

C'eſt ainſi que l'Impératrice-Reine envoie (dit-on), toutes les années, dans les différentes Cours de l'Europe , quelques jeunes gens d'eſpérance, qui vont recueillir , en quelque ſorte, les richeſſes

richeſſes des autres Etats & ſe
former à la ſcience du Gouvernement. Cela eſt bien digne
d'une Princeſſe auſſi grande par
ſes vertus que par ſes lumières,
qui conſacre ſes jours au bonheur
de ſes peuples.

Le Gouvernement régleroit
la durée de leur ſéjour dans chaque Cour ſur la néceſſité de
leur inſtruction.

Tandis qu'ils ſeroient ſous les
yeux des Ambaſſadeurs, ils ſeroient obligés de leur préſenter,
tous les mois, leurs obſervations
ſur les divers objets qui intéreſſent l'économie & l'adminiſtration politique. Les Arts ,
les Loix , les Mœurs, la Religion , la Population, le Commerce , l'Agriculture ſeroient
tour à tour la matière de leurs

F

recherches & de leur étude.

Ceux d'entre eux qui feroient le plus de progrès dans ces connoiſſances & qui donneroient des preuves de plus de talent, obtiendroient des faveurs plus marquées & feroient élevés dans la ſuite aux emplois les plus importans. La protection & la naiſſance ne feroient d'aucun poids. On n'auroit égard qu'au mérite.

Après avoir travaillé quelques années avec fuccès auprès des Ambaſſadeurs ou Envoyés extraordinaires, on pourroit ſans crainte les employer dans les fonctions périlleuſes du Miniſtère. Ils y entreroient tout formés; & ils ſçauroient éviter les écueils où vont ſe briſer ceux qui manquent d'expérience & de lumières.

Tout art a besoin d'être appris pour être connu : & le grand art de conduire les rênes du Gouvernement, quel long apprentissage n'exige-t-il pas ? Il ne peut être que le fruit de l'étude la plus réfléchie & des observations les plus mûres.

Les plus capables seroient chargés de l'opération la plus importante peut-être au bien de l'Etat. Cette opération consisteroit à faire le dépouillement des mémoires anciens & nouveaux qui sont comme perdus dans tous les Bureaux.

Quels trésors de lumières ne vont pas s'y engloutir tous les jours ? De toutes parts, de bons citoyens adressent leurs observations aux Ministres. Ceux-ci, occupés sans relâche des grands objets de l'adminiſtration, ſe déchargent pour l'ordinaire du ſoin de les examiner ſur leurs Secrétaires ou leurs Commis, qui, accablés à leur tour par une multitude de détails, les mettent à l'écart, ou ne jettent ſur elles que des regards diſtraits & momentanés. De là vient que les citoyens les plus éclairés ſe refroidiſſent, ſe contentent ſouvent d'acquérir pour eux des lumières & laiſſent le champ libre aux intrigans.

Si dans tous les Bureaux deux perſonnes au moins, en qui l'intégrité ſeroit jointe aux lumières, étoient uniquement deſtinées à faire l'examen des différens mémoires qui ſont envoyés, & à en faire un rapport exact aux Miniſtres : bientôt, toutes les

parties de l'administration seroient éclairées.

Les moyens qu'on vient d'exposer suffiroient pour répandre
l'émulation dans tous les ordres
de l'Etat. La vertu seroit culti-
vée ; les talens prendroient un
noble essor ; par tout se forme-
roient des sujets utiles & vertueux.

Il ne resteroit plus qu'un pas
à faire au Gouvernement pour
attendre son but. Ce seroit de
procurer enfin aux Instituteurs
un plan d'éducation exactement
conforme aux loix & aux principes de la nature, & aux enfans
de bons livres élémentaires.

Rien n'est plus important. Les
esprits sont à peu près les mêmes dans les divers climats. Si
l'on remarque entre eux de la

différence , c'eft la différence de l'éducation qui la produit. Auffi . compare-t-on les hommes à ces arbres de la même efpèce, dont le germe indeftructible & abfolument le même, n'étant point femé dans la même terre, ni expofé aux mêmes vents , au même foleil & aux mêmes pluies , prend néceffairement , à mefure qu'il fe développe , une infinité de formes différentes. Les vices de l'inftitution étouffent ordinairement les germes les plus précieux des vertus & des talens ; une bonne culture les fait éclorre.

Une foule de gens de lettres s'eft exercée dans ces derniers tems fur l'éducation. Plufieurs des ouvrages , qui ont paru fur cette importante matière , renferment d'excellentes idées & préſentent de grandes vues. (1) Aucun peut-être ne peut ſuffire encore à former une éducation parfaite.

Il faudroit que des hommes d'une expérience conſommée

---

(1) Les meilleurs ſont : l'Education des Enfans par M. Locke ; l'Eſſai d'Education Nationnale par M. de la Chalotais ; l'Education publique par M. Diderot ; le Plan général d'Inſtitution pour la Bourgogne par M. de Morveaux ; l'Education Phyſique par M. Ballexſert ; l'Eduſation de la jeune Nobleſſe, ſans nom d'Auteur, &c. On peut puiſer les plus grandes idées dans l'Emile de M. Rouſſeau, & dans les divers articles du Dictionnaire Encyclopédique ſur ce même ſujet.

Les Lettres ſur l'Education ſans nom d'Auteur ; la Lettre ſur un plan d'études auſſi ſans nom d'Auteur ; les Principes d'Education par M. de Mornas, M. Turben & le P. Papon ; les Diſcours ſur l'Education par M. Formey, M. Vicaire, M. Vaniere & le P. Navarre ; les Mémoires de M. Rivard, de l'Univerſité de Paris, du Bureau de Rennes, &c, préſentent encore de grandes vues.

dans l'art difficile d'élever la jeuneffe fuffent chargés par le Gouvernement de rédiger avec foin tout ce qu'on a écrit juf- qu'ici de judicieux & de prati- cable (1) pour la direction des Maîtres publics & particuliers.

Comme l'éducation embraffe à la fois le corps, l'efprit & le cœur, cette rédaction devroit

---

(1) Il feroit facile de former un fyftême excellent en recueillant toutes les bonnes idées qui font éparfes dans les Auteurs modernes, cités ci-deffus, & dans les Auteurs anciens qui ont traité la même matière. Ceux-ci ne font pas moins nombreux que ceux-là. On confulteroit fur-tout : les Projets de réformation par M. l'Abbé de Saint Pierre; le Choix des études par M. l'Abbé Fleury ; l'Education des Filles par M. de Fénelon ; le Difcours fur l'éducation d'un Prince par M. Nicole ; l'Inftitution d'un Prince par M. Dugué ; la Manière d'étudier & les études des Enfans par M. Rollin ; la Méchanique des langues & les lettres fur l'éducation par M. Pluche, &c, &c.

être faite par trois sortes de personnes. D'habiles Médecins traiteroient l'éducation physique ; de bons Grammairiens & de profonds Littérateurs, l'é-ducation littéraire ; de sages & religieux Philosophes, l'éduca-tion morale.

Mais l'objet le plus essentiel de leurs travaux seroit de combi-ner & de ménager si bien ces trois sortes d'éducation qu'elles s'entr'aidassent mutuellement & concourussent au même but. Car, souvent on cultive l'esprit en détruisant le corps, ou l'on soi-gne le corps en nuisant à l'esprit, & presque toujours on forme l'esprit & le corps aux dépens des mœurs & de la vertu. Nos systêmes d'éducation laissent sub-sister ces divers abus ; & c'est à

les détruire qu'on doit principalement s'attacher.

L'ouvrage que nous defirons exifteroit depuis long-tems, fi nos Univerfités & nos Académies, au lieu de traiter le fujet de l'éducation dans le genre Oratoire, s'étoient bornées à de fimples Mémoires bien détaillés.

L'exemple de l'Académie des fciences de Harlem étoit bien digne d'être fuivi. Elle demanda dans fon programme de 1761, quelle eft la meilleure direction à fuivre dans l'habillement, la nourriture & les exercices des enfans depuis le moment où ils naiffent jufqu'à leur adolefcence, pour qu'ils vivent long-tems & en fanté. M. Ballexfert de Genève traita cette queftion qui intéreſſe de ſi près le bien-être du genre humain ; & ſa Diſſertation, qui fut couronnée, a mérité les applaudiſſemens des Maîtres de l'art & de tous les Sçavans de l'Europe.

C'eſt dans cette forme que pourroient être approfondies les autres parties de l'éducation. Il faut des détails & non des traits ſaillans, des raiſonnemens con-vaincans & non des mouve-mens pathétiques, des maxi-mes, des vérités conſtantes & non des fleurs & des ornemens recherchés. Un diſcours ſur cette matière offrira de grandes beautés ; il en eſt ſuſceptible : mais il ne contiendra jamais aſſez d'inſtruction.

Un plan d'éducation pour être complet, doit être comme le

directoire univerfel de tous ceux qui préfident ou coopérent à l'éducation des enfans, depuis leur naiſſance juſqu'à l'âge de leur maturité.

Il auroit néceſſairement trois parties. Un enfant eſt d'abord fous les yeux paternels, entre les mains de ſa mère ou de ſa nourrice, d'une gouvernante, d'un Précepteur. On l'envoie enfuite aux Ecoles publiques. Enfin il entre dans le monde & prend un état.

Ces trois différentes époques exigent chacune de grands détails; & il n'y a que l'eſpoir de mériter les faveurs du Gouvernement, joint à l'amour du bien public, qui puiſſe faire entreprendre un ouvrage auſſi difficile & d'auſſi longue haleine.

Tous les bons citoyens devroient y concourir avec zèle, puisque de-là dépend la félicité publique & particulière.

Après avoir perfectionné ce plan général, on s'occuperoit des livres élémentaires dont le défaut est sans doute un des plus grands obstacles au succès de l'éducation. On n'a cessé de le répéter dans ces derniers tems, mais à pure perte. Notre disette sur ce point est toujours la même.

Il seroit néanmoins bien facile de lever cet obstacle. Que faut-il pour avoir de bons élémens de chaque science? Compiler & choisir. Les ouvrages excellens ne nous manquent pas. Aucune autre nation n'est plus riche en chef-d'œuvres.

Il n'y a cependant qu'une société de Sçavans qui puisse exécuter avec succès l'entreprise dont il s'agit. Mais le Gouvernement n'a qu'à ordonner : les Universités, les Académies & tant d'autres Sociétés respectables qui sont en France possèdent une foule d'hommes illustres dans tous les genres, qui s'empresseront de concourir à ses vues & au bien général du Royaume.

Cette société, pour bien parcourir les divers objets de nos connoissances instrumentales & essentielles, devroit être composée de bien des membres ; & chacun de ces membres devroit être employé suivant son talent & son goût.

Il seroit juste que ceux qui rempliroient leur tâche avec plus de diftinction obtinffent de plus grandes faveurs & des récompenfes plus honorables.

Les Romains , dans l'adoption qu'ils firent des plus fages loix de la Grèce , nous ont tracé la voie qu'il faudroit prendre pour prévenir les fautes qui pourroient fe gliffer dons ces élémens , quoique faits par des mains habiles & exercées.

Après qu'ils eurent fait une compilation des Loix Grecques & des Coutumes Romaines, ils drefsèrent un modèle de leur ouvrage & l'exposèrent en public, afin que tout le monde pût en dire fon fentiment. De même auffi, lorfque ceux qu'on auroit choifis pour la compofition de ces livres élémentaires auroient rendu compte de leur travail,

le Gouvernement leur feroit
dreſſer le plan détaillé de leur
ouvrage pour être auſſi-tôt pu-
blié dans tout le Royaume ; &
il inviteroit en même tems tous
nos gens de lettres à leur faire
part de leurs réflexions & de
leurs lumières. Ce n'eſt que par-
là qu'on peut avoir de bons livres claſſiques pour former l'eſprit & le cœur des enfans.

L'Article de Berlin de la Gazette de France du Vendredi 3
Avril 1767, annonce : qu'il s'eſt
formé dans cette Ville une ſociété particulière , qui propoſe
une médaille de cent écus d'Empire à quiconque compoſera la
meilleure inſtruction pour inſpi-
rer aux enfans les principes de la
Religion. Les conditions , que
cette ſociété impoſe à ceux qui

concourront pour cet ouvrage, font particulièrement de n'y rien fuppofer comme déjà connu, & de n'y établir aucun principe fans le prouver, de mettre les inftructions à portée d'une conception ordinaire, & d'écarter toutes les queftions fuperflues ou étrangères au fujet. C'eft d'après cette idée que nos Univerfités & nos Académies devroient travailler fur tous les objets d'inftruction qui appartiennent à l'enfeignement public.

Nous avons déjà plufieurs Collections, telles que le Cours de Latinité de M. Vaniere, les Extraits de M. Chompré, &c; mais ces Collections, quoique très-utiles, font cependant encore bien éloignées de la perfection.

Des livres élémentaires doivent remplir deux conditions également importantes & nécessaires.

La première est qu'aucune de nos connoissances instrumentales & essentielles n'y soit omise. » Quel est (dit M. Diderot) le » principe fondamental de l'éducation publique ? C'est qu'embrassant tous les états elle forme tous les sujets aux vertus, » au patriotisme & aux talens » qui leur conviennent. Il s'agit » d'un enfant : il faut en faire » un homme ; & il faut que cet » homme soit Chrétien & Citoyen, Magistrat , Evêque, » Général d'Armée , Ministre » d'Etat , un homme universel » (s'il se peut) & parfait en » tout. Point de petit plan , point

» de vues bornées. La jeunesse
» est l'âge d'apprendre. L'éduca-
» tion est le noviciat de la vie ;
» & dans la vie les états sont
» divers. Pourquoi ne seroit-on
» pas préparé à servir la société
» dans tous les emplois? Osera-
» t-on décider d'avance un sujet
» dont les talens sont inconnus?
» Et comment ses talens se mani-
» festeront-ils s'ils n'ont été es-
» sayés dans tous les genres?
» Sçait-on les desseins de la Pro-
» vidence ; ou peut-on risquer
» de s'y opposer? (1) »

La seconde est que toutes ces connoissances y soient distri-buées , de manière qu'exer-çant à la fois toutes les facultés de l'entendement elles se prêtent mutuellement la main.

____

(1) De l'Educ. publique.

L'entendement a trois facul‑
tés principales : la mémoire , la
raifon , l'imagination.

La mémoire eft le magafin où
fe dépofent les fenfations , les
faits & les idées. La raifon ve‑
nant à fon appui combine les
objets des idées directes, où les
connoiffances que nous recevons
immédiatement & fans opéra‑
tion quelconque de notre vo‑
lonté. Ainfi , c'eft la première
qui reçoit l'aliment de l'efprit; &
c'eft enfuite à la feconde à le di‑
riger afin qu'il lui ferve de nour‑
riture. L'imagination (dans le
fens où nous la prenons) n'eft
pas fimplement la faculté de fe
repréfenter les objets , mais
l'heureux talent de créer en imi‑
tant la belle nature. On l'appelle
autrement génie , germe pré‑

cieux que la nature place en nos
ames & qu'y développe l'éducation quand elle eſt dirigée ſui-
vant les principes d'une exacte
philoſophie. La raiſon ſe joint à
la mémoire dans cette dernière
faculté ; puiſque (ſelon la remarque d'un illuſtre Ecrivain *) l'eſ-
prit ne crée & n'imagine des objets qu'autant qu'ils reſſemblent
à ceux qu'il a connus par des
idées directes & par des ſenſa-
tions.

Quoique ces différentes facultés
agiſſent à la fois, la force ou la foi-
bleſſe de l'âge de mandent qu'on
les exerce (autant qu'il eſt poſſible)
ſéparément , & en proportion
de l'effet qu'elles doivent pro-
duire. Or , l'ordre naturel , &

---

* M. d'Alembert.

par conféquent le plus propre au développement de l'efprit , eft d'adjuger le premier rang à la mémoire , le fecond à la raifon , & le troifième à l'imagination. On ne peut exercer utilement ces trois facultés qu'en s'y conformant.

C'eft l'art de démêler la fubordination des connoiffances qui eft le grand fecret de l'art d'enfeigner. La jeuneffe ne fe dégoûte communément de l'étude & ne fait fi peu de progrès que parce que les leçons qu'on lui donne font déplacées. On recule au lieu d'avancer, quand on n'eft point dans la vraie route ou qu'on eft fans guide. Un Infti-tuteur doit fçavoir ne prendre dans les fciences & dans les arts que ce qu'il faut pour le moment & pour l'âge, & ne le préfenter que fous la forme convenable aux Elèves qu'il veut former. On ne parvient à l'intellectuel que par le fenfible, au compofé que par le fimple. L'idée fimple conduit à l'idée complexe. Les connoiffances générales réfultent néceffairement des connoiffances particulières. De telles progreffions dans l'enfeignement caractérifent les grands Maîtres & affurent le fuccès de l'éducation.

Des livres élémentaires doivent être faits d'après ces principes. Si l'on parvient jamais à en avoir qui foient dans ce goût, l'éducation deviendra facile. La difficulté d'avoir de bons Précepteurs & de bons Maîtres ne fubfiftera plus; & tout homme qui aura de la Religion , des mœurs , des sentimens , sera capable d'en remplir les fonctions.

Toutes nos Ecoles seroient pour ainsi dire égales avec de bons livres élémentaires. Mais tant qu'elles manqueront de ce secours , les meilleures ne vaudront rien ou ne seront que moins mauvaises ; & la jeunesse y perdra son tems. « Que » l'on compare (dit M. de la » Chalotais) nos Collèges dont » les méthodes sont vicieuses » avec ceux d'Oxfort, de Cam- » bridge, de Leyde, de Gottin- » gue , qui ont des livres élé- » mentaires mieux faits que les » nôtres, on verra qu'il est né- » cessaire qu'un Allemand & » un Anglois soient mieux instruits

» truits qu'un François. (1) »

Des livres élémentaires détruiroient encore deux grands abus de l'enseignement public.

Le premier est celui de la Dictée. C'est depuis l'invention de l'Imprimerie une opération ridicule. Elle enlève aux Maîtres & aux Disciples un tems précieux, qu'ils employeroient bien plus utilement au développement des principes des sciences & des beaux arts & à l'interprétation des Auteurs. Elle accable les uns de dégoût & d'ennui; & elle fatigue les autres à pure perte.

Le second est celui des disputes interminables que la diversité d'opinions a fait naître dans les Ecoles. De combien de puéri-

____

(1) Ess. d'Educ. Nationale.

G

lités & de chicanes ne s'y occupe-t-on pas tous les jours avec la plus vive chaleur? Ici , on soutient une opinion nouvelle ; là , des esprits inquiets & fougueux s'arment pour la détruire. On s'attaque ; on s'échauffe ; on se déchire. L'étincelle se communique de proche en proche & devient un embrasement général. Un rien suffit pour occasionner de grands troubles. Ces haines invétérées qui animent certains corps les uns contre les autres ; ces guerres intestines qui bouleversent & qui ravagent quelquefois les Etats, n'ont pas d'autre source.

Lorsque ces livres élémentaires auroient été portés à leur plus haut degré de perfection , le Gouvernement les feroit adopter dans tout le Royaume ; & tous ceux qui professeroient dans les Ecoles publiques seroient indispensablement tenus de s'y conformer.

Tel est le louable projet que M. de Montazet, Archevêque de Lyon, se propose d'exécuter pour tout son Diocèse. On dit que par ses ordres des Philosophes & des Théologiens, aussi distingués par leurs sentimens patriotiques que par leurs lumières, travaillent depuis bien des années sur les matières les plus importantes de la Religion & de la morale, & que ce Prélat, que toute la France révère moins pour sa naissance & ses dignités que pour ses talens & ses vertus, doit faire ensuite la rédaction de tous leurs mémoires & en former lui-même un corps de doctrine pour l'ufage des Séminaires & des Collèges qui dépendent de fon autorité. Que de pareils exemples font honorables pour ceux qui les donnent ! & qu'ils font dignes d'être fuivis !

Ce qu'on peut defirer de plus avantageux pour un Etat, c'eft l'union des efprits & des cœurs parmi les citoyens. Or, l'uniformité de l'enfeignement & de l'éducation eft le plus sûr moyen de l'y établir & de l'y affermir à jamais. Pourquoi faut-il qu'un article auffi effentiel foit fi négligé ? Un Etat policé ne doit point fouffrir un enfeignement arbitraire. Des membres d'une même fociété doivent être élevés & nourris dans les mêmes principes,

Deux partis divifent la France depuis près d'un fiècle. Voilà les fuites de la diverfité d'opinions qu'on tolère dans nos Ecoles. Mais que l'enfeignement foit rendu uniforme : bientôt la paix fera rétablie ; & l'on ne verra plus régner qu'un même efprit dans les cœurs de tous les François.

Peut-être touchons-nous de bien près au terme d'une révolution générale dans l'éducation publique de la jeuneffe. La bonté du meilleur des Rois & le zèle infatigable de fes Miniftres doivent nous faire attendre avec confiance cet événement heureux, après lequel nous foupirons depuis fi long-tems. Mais le Gouvernement daignera-t-il porter la même réformation dans l'éducation des deux sexes?

Il est à peine croyable que dans un siècle aussi éclairé que le nôtre, & dans une Monarchie comme la France, celle des femmes soit négligée autant qu'elle l'est. On ne les occupe presque toute leur vie que de futilités; & par injustice ou par préjugés on éloigne d'elles tout ce qui pourroit orner leur esprit & perfectionner leur raison. Comment deviendront-elles raisonnables & vertueuses, si on n'a soin de les instruire & de leur imprimer de bonne heure des maximes de sagesse & de force?

De la mauvaise éducation des femmes naissent de très-grands maux, & la plûpart de ceux qui inondent la société; & ce ne sera qu'en arrachant à sa corruption cette partie du genre humain, qu'on pourra enfin rendre l'autre bien saine. Que d'actions de graces n'aurions-nous point à rendre au Gouvernement, s'il daignoit étendre ses vues & son attention jusques là ! Si les femmes étoient mieux élevées & plus instruites, elles éleveroient & instruiroient mieux leurs enfans. On sçait que Gracchus, Jules César, Auguste, ces hommes fameux, dûrent une partie de leur gloire à Cornelia, Aurelia & Attia, leurs mères, qui concoururent à former leur esprit.

Deux sortes d'établissemens pourroient encore mériter l'attention du Gouvernement. On ne croit pas devoir se dispenser d'en parler ici ; puisqu'il est certain qu'elles contribueroient éga-

lement à la gloire & à la profpérité de l'Etat.

On obferve qu'au fortir des
Etudes académiques la plûpart
des enfans abandonnent la culture des lettres & perdent prefque tout le fruit des leçons de
leurs premiers Maîtres. Mais
comment cette vive ardeur ,
cette noble émulation qu'on a
allumée dans leurs jeunes cœurs
fe foutiendroit-elle , fi rien ne la
nourrit après , s'il ne lui refte
plus de moyen ou de matière
pour s'exercer ?

Les Sçavans, les Littérateurs,
les Artiftes d'un ordre fupérieur
ne font fi rares dans les Provinces
que parce que le talent y eft fans
appui , fans moyens. L'Agricul-
teur ne tire aucun fruit du fein
de la terre la plus féconde par fa

nature, s'il néglige de la cultiver. Mais peut - il lui donner la culture qu'elle demande, s'il manque des divers inftrumens du labour? Jamais perfonne n'excellera dans fa profeffion ou dans les fciences & les beaux arts par la feule impulfion de fon génie & fans livres.

Il feroit donc très-important de fonder une Bibliothèque publique dans chaque Capitale de nos Provinces (1), & générale-

(1) M. le Duc de Villars vient de donner un bel exemple aux Grands du Royaume, qui, comme lui, afpirent aux plus glorieux des titres, celui de bienfaiteur de la patrie & de l'humanité. Ce généreux Seigneur a fait donation de 40000 écus à la Ville d'Aix, Capitale de la Provence, pour fonder au Collége Royal de Bourbon une Bibliothèque publique & un Médailler. Ce trait met, pour ainfi dire, le feeau aux bienfaits qu'il ne ceffe de verfer fur cette Province, qu'il gouverne depuis fi

ment dans toutes les Villes considérables du Royaume.

C'est sur-tout la multiplicité des ressources dans tous les genres, qu'offrent les Capitales de tous les Etats, qui les peuple de tant de grands sujets. Que le Gouvernement daigne favoriser par-tout le génie : il se formera par-tout de grands hommes.

Il ne seroit pas moins avantageux à l'Etat qu'il y eût dans

---

long-tems avec tant de sagesse & de gloire, & dont il fait les délices par ses vertus.

A l'exemple de M. le Duc de Villars, M. de la Tour Premier Président au Parlement & Intendant de la Province, M. d'Albertas Premier Président en la Cour des Aydes, M. de Monclar Procureur Général au Parlement, & les principaux Seigneurs de Provence, s'empressent de former un fonds suffisant pour élever le superbe vaisseau qui est destiné à cette Bibliothèque. Que les Grands seroient vénérables aux yeux des peuples s'ils faisoient toujours un si noble usage de leurs richesses !

le Royaume quelques Ecoles particulières, où les jeunes gens puſſent recevoir les principes des différentes profeſſions qui intéreſſent eſſentiellement la ſociété.

Nos Univerſités ont été deſtinées à former la jeuneſſe non-ſeulement dans les Lettres humaines & la Philoſophie, mais dans les ſciences de la Religion, du Droit & de la Médecine. On n'a pas beſoin d'en fonder davantage. Elles ſont en aſſez grand nombre.

Il ne s'agiroit que de réformer celles qui exiſtent, de leur donner de meilleurs réglemens, de ranimer leur émulation par le double aiguillon de l'honneur & de l'intérêt, enfin de les ſoumettre à l'inſpection des Magiſ-

trats & à l'uniformité de l'enfeignement. (1)
Une partie de la jeune No-

---

(1) On convient généralement que le Public ne retire point de nos Univerfités tous les
avantages pour lefquels elles ont été inftituées.
Mais tout le monde n'en voit pas la caufe;
ou plutôt on ne prend pas la peine d'y réflé-
chir. Cependant tous les Citoyens font inté-
reffés a ce que de pareils établiffemens foient
auffi bien montés qu'ils font fufceptibles de
l'être.

Un Magiftrat célèbre par fon zèle pour le
bien de l'Etat autant que par les produ&ions
de fon vafte génie * travaille à la réformation
de l'Univerfité de Provence. Il eft à fouhaiter
qu'il achève un projet fi louable & dont une
partie a déjà obtenu l'approbation & mérité
les éloges de feu M. le Chancelier d'Agueffeau.
Ce fera là le modèle fur lequel toutes les autres Univerfités du Royaume fe réformeront
dans la fuite.

En attendant, nous obferverons : 1°. que la
facilité avec laquelle on accorde des Brevets
pour les Chaires de Profeffeurs, prive fouvent
l'Etat de grands fujets & contribue à éteindre
l'émulation. Le mérite fupérieur doit feul

---

* M. de Monclar Procureur Général au Parlement
d'Aix.

bleſſe trouve à l'Ecole Royale Militaire & à celle de Mézières & de la Flèche, tous les ſecours néceſſaires pour ſe perfectionner dans les connoiſſances

---

élever à ces ſortes de places : le concours doit ſeul le produire.

2°. Que la communication des Univerſités eſt cauſe que les Profeſſeurs, dans la crainte de perdre leurs Candidats & par conſéquent le produit des grades, admettent indiſtinctement tous ceux qui ſe préſentent. Les grades ont été établis pour être le ſceau des talens éprouvés, & non pour décorer la ſtupidité & l'ignorance au détriment de la ſociété.

Et 3°. Que la liberté qu'ont les Profeſſeurs de vacquer à d'autres fonctions publiques (ceux par exemple, de la Faculté de Droit, de plaider & d'écrire comme Avocats) entraîne la ruine de la diſcipline, & eſt un obſtacle à la perfection de l'enſeignemen· ·a Théologie, le Droit, la Médecine, la Pl· loſophie, les Belles-Lettres, ne ſont-elles pas aſſez vaſtes pour occuper ceux qui les profeſſent ? Et eſt-il juſte que des Profeſſeurs négligent leur claſſe pour chercher ailleurs de quoi aſſouvir leur cupidité ?

étendues de la profeſſion des armes.

Nos Ports ont des Ecoles pour les Gardes du Pavillon & de la Marine.

Mais pourquoi le Commerce & tous les Arts utiles n'ont-ils pas les mêmes reſſources ? Il n'en eſt point qui ne demande une préparation. Le talent décidé ne ſçauroit même s'en paſ-ſer ; & ce n'eſt que par elle qu'il peut franchir les bornes de la médiocrité. Malheur aux hommes qui ne s'inſtruiſent que par leurs fautes & qui ne deviennent ſages que par leurs chutes !

F I N.

APPROBATION.

J'AI lu par ordre de Monseigneur le Vice-Chancelier un Manuscrit ayant pour titre : *Système de Législation, ou Moyens que la Politique peut employer, &c ; & je n'y ai rien trouvé qui puisse en empêcher l'impression. A Paris ce 11 Août 1768.

L'ABBÉ CHRÉTIEN, *Censeur Royal.*

PRIVILÉGE DU ROI.

LOUIS, par la grace de Dieu, Roi de France & de Navarre: A nos Amés & féaux Conseillers les Gens tenans nos Cours de Parlement, Maîtres des Requêtes ordinaires de notre Hôtel, Grand Conseil, Prevôt de Paris, Baillifs, Sénéchaux, leurs Lieutenans Civils & autres nos Justiciers qu'il appartiendra : SALUT, notre amé le Sr BORRELLY, Nous a fait exposer qu'il desireroit faire imprimer & donner au Public un Ouvrage qui a pour titre : *Système de Législation, ou Moyens que la Politique peut employer pour former à l'Etat des Sujets utiles & vertueux*, s'il Nous plaisoit lui accorder nos Lettres de Permission pour ce nécessaires. A CES CAUSES, voulant favorablement traiter l'Exposant, Nous lui avons permis & permettons par ces Présentes de faire imprimer ledit Ouvrage autant de fois que bon lui semblera, & de le faire vendre & débiter par tout notre Royaume pendant le tems de trois années consécutives, à compter du jour de la date des Présentes. Faisons défenses à tous Imprimeurs, Libraires, & autres Personnes de quelque qualité & condition qu'elles soient, d'en introduire d'impression étrangère dans aucun lieu de notre obéissance; A la charge que ces Présentes seront enregistrées tout au long sur le Registre de la Communauté des Imprimeurs & Libraires de Paris dans trois mois de la date d'icelles, que l'impression dudit Ouvrage sera faite dans notre Royaume, & non ailleurs, en bon papier & beaux caractères ; que l'Imprimant se conformera en tout aux Réglemens de la Librairie, & notamment à celui du 10 Avril 1725, à peine de déchéance de la présente Permission ; qu'avant de l'exposer en vente, le manuscrit qui aura servi de copie à l'impression dudit Ouvrage, sera remis dans le même état où l'Approbation y aura été donnée, ès mains de notre très-cher & féal Chevalier, Chancelier de France, le sieur DE LAMOIGNON, & qu'il en sera ensuite remis deux exemplaires dans notre Bibliothèque publique, un dans celle de notre Château du Louvre, un dans celle dudit sieur DE LAMOIGNON, & un dans celle de notre très-cher & féal Chevalier, Vice-Chancelier & Garde des Sceaux de France, le Sieur DE MAUPEOU: le tout à peine de nullité des présentes : du contenu desquelles vous mandons & enjoignons de faire jouir ledit Exposant & ses ayans causes, pleinement & paisiblement, sans souffrir qu'il leur soit fait aucun trouble ou empêchement. Voulons qu'à la copie des Présentes, qui sera imprimée tout au long au commencement ou à la fin dudit Ouvrage, foi soit ajoutée comme à l'original. Commandons au premier notre Huissier ou Sergent sur ce requis, de faire pour l'exécution d'icelles, tous Actes requis & nécessaires, sans demander autre permission, & nonobstant clameur de Haro, Chartre Normande, & Lettres à ce contraires : Car tel est notre plaisir. DONNÉ à Paris le quatorziéme jour du mois de Septembre l'an de grace mil sept cent soixante-huit, & de notre regne le cinquante-quatriéme. Par le Roi en son Conseil.

Signé LE BEGUE.

Regiſtré ſur le Regiſtre XVII de la Chambre Royale & Syndicale des Libraires & Imprimeurs de Paris, n° 224, fol. 517, conformément au Réglement de 1713, qui fait défenses, Art. 41, à toutes personnes de quelque qualité & condition quelles soient, autres que les Libraires & Imprimeurs de vendre, bébiter, faire afficher aucuns livres pour les vendre en leurs noms, soit qu'ils s'en disent les Auteurs ou autrement, & à la charge de fournir à la susdite Chambre neuf Exemplaires prescrits par l'Art. 108 du même Réglement. A Paris ce 19 Septembre 1768.

BRIASSON, Syndic.

A Paris. De l'Imprimerie de MICHEL LAMBERT, rue des Cordeliers, au Collège de Bourgogne.